Les réseaux apprenants

Une démarche d'accompagnement
du changement dans la relation
de service à la SNCF

Éditions Eyrolles
61, bd Saint-Germain
75240 Paris Cedex 05

www.editions-eyrolles.com

Les réseaux apprenants

Une démarche d'accompagnement du changement dans la relation de service à la SNCF

David Autissier

Jean-Pierre Hureau

Thierry Raynard

Isabelle Vandangeon-Derumez

EYROLLES

Sommaire

Notre entreprise SNCF est soumise à de fortes contraintes qui la poussent à se transformer constamment de manière à répondre au mieux aux demandes de la clientèle. D'entreprise en monopole fonctionnant en logique d'offre, elle est aujourd'hui une entreprise en concurrence qui doit fonctionner en logique de demande.

C'est une révolution culturelle profonde pour ses personnels mais aussi pour tous les managers et dirigeants car les décisions opérationnelles ne peuvent plus être élaborées dans le secret des bureaux d'études mais nécessitent une écoute attentive des clients et une vision partagée avec les collaborateurs. Mettre les clients au cœur du fonctionnement suppose d'abord de mettre au cœur les agents SNCF eux-mêmes car ils sont les mieux placés pour comprendre les attentes clients et pour ressentir (quelque fois violemment) les appréciations portées à la qualité des offres et services proposés.

Ce contexte de tension permanente rend problématique toute inadaptation, si légère soit-elle, entre un nouveau service ou une nouvelle offre et les attentes de ceux qui, sur le terrain, sont en charge de les faire fonctionner dans la réalité de la vie quotidienne. Dans certains cas, il peut s'ensuivre de réelles souffrances.

Là est bien aujourd'hui la difficulté du travail managérial, tout entier soumis à ces doubles contraintes parfois qualifiées d'injonctions paradoxales !

La difficulté mais aussi l'enjeu, car dans cette révolution culturelle de transformation, les managers ont un rôle majeur à jouer. Ce sont eux naturellement les accompagnateurs du changement.

Leur travail ne peut plus être le seul respect des procédures organisationnelles, tant il est vrai que sur le terrain, c'est dans l'invention constante de la meilleure solution que sont à la fois la garantie de la satisfaction du client mais aussi la fierté du cheminot.

À la SNCF, comme dans d'autres grandes entreprises, les managers ont ressenti le besoin de se retrouver pour partager leurs expériences, conforter leurs approches et inventer de nouvelles façons de faire.

Certains sous la forme de réseaux apprenants dont j'ai découvert un jour l'existence.

Je me dois d'avouer que ma première réaction a été une certaine méfiance car l'image qui m'apparaissait alors était celle d'une confrérie se réunissant nuitamment sous la forme d'une hiérarchie parallèle.

À l'écoute de nombreux dirigeants, managers et agents, acteurs de ces réseaux apprenants, mon regard a changé. À la lumière également des résultats qu'ils ont obtenus dans de forts enjeux de relation de service tant en matière de satisfaction clients et agents que de production.

Que sont en effet les réseaux apprenants sinon une forme d'humilité managériale qui rend acteurs les agents ? Humilité managériale qui consiste à écouter chacun sans préjuger de son titre ou de son grade en considérant que l'expérience du travail quotidien vaut bien tous les diplômes de la spécialité quand il s'agit de satisfaire des clients exigeants ou solutionner un problème non identifié par les textes en vigueur.

À l'heure où la plupart des entreprises font de la qualité du travail la clé de la performance globale, le secret de la réussite est bien d'écouter ceux qui l'exercent et de construire avec eux les adaptations nécessaires. Cette inversion de la pyramide managériale au cœur de l'ouvrage de Vineet Nayar *Les employés d'abord, les clients ensuite* rejoint ici la philosophie des réseaux apprenants.

Jean-Pierre Hureau, un des promoteurs des réseaux apprenants à la SNCF, le dit très bien :

> *Si le réseau apprenant est d'abord un lieu d'écoute et de libération de la parole sur les dysfonctionnements, c'est aussi un espace d'expérimentation permettant de développer la capacité d'adaptation de l'entreprise.*
>
> (RH&M n° 34 juillet 2009)

L'écoute des agents et de l'encadrement fait ainsi l'objet de nombreuses démarches lancées dans la plupart des grandes entreprises. Elle est au cœur du nouvel accord interprofessionnel sur l'amélioration de la qualité de vie au travail du 19 juin 2013 comme le précise clairement son article 13 :

« Si l'organisation du travail est de la seule responsabilité de l'employeur, la possibilité donnée aux salariés de s'exprimer sur leur travail, sur la qualité des biens et services qu'ils produisent, sur les conditions d'exercice du travail et sur l'efficacité du travail, est l'un des éléments favorisant leur perception de la qualité de vie au travail et du sens donné au travail. »

Ainsi, loin d'être un maillage confidentiel de managers en recherche de ruptures, les réseaux apprenants sont bien une des formes de structuration de la démarche d'expression et d'expérimentation que nous avons lancée à la SNCF sous l'emblème « Parlons de nous et de nos métiers » et j'invite tous les managers à lire cet ouvrage pour qu'ils y découvrent ainsi un moyen de contribuer efficacement à la transformation de l'entreprise.

Loïc Hislaire, DRH Épic* de la SNCF

---

* Les mots suivis d'un astérisque dans le texte font l'objet d'une définition dans le glossaire p. 187.

Je remercie vivement Pierre Giorgini pour son soutien permanent tout au long de ces années au cours desquelles nous avons diffusé ces démarches. Ses apports théoriques et son expérience de dirigeant ont été très précieux. Je remercie également Jean-Pierre Menanteau, David Azema, Bénédicte Tilloy et Barbara Dalibard pour leur encouragement et leur soutien dans la propagation de ces démarches.

Jean-Pierre Hureau

Nous voudrions remercier pour ce livre un grand nombre de personnes du groupe SNCF ou externes sans qui cet ouvrage n'aurait pas été le même ou n'aurait tout simplement pas existé :

Guillaume Ancel, Béatrice André, Jean-Pierre Aubert, Laurent Auvray, Philippe Barbot, Agnès Baron, Jacques Berling, Pascale Blanchet, Luc Blavy, Michel Bocquin, Roland Bonnepart, Yvon Borri, Christian Bossaërt, Olivier Bour, Joëlle Bravais, Jean-Marc Breton, Stephan Bürkle, Agnès Cabannes, Marianne Cances, Michel Canon, Yanick Cavalin, Sylvie Caruso-Cahn, Hugues Cheritel, Henriette Chaubon, Ahcen Choughi , Xavier Cohadon, Emmanuel Crahay, Anne Cristina, Marine Dagorn, Thierry Decultot, Frédéric Delorme, Olivier Devaux, Frédéric Doudet, Irène Dupoux-Couturier, Denis Elias, Fatna Fareh, Jean-Christophe Foucrit, Yann Freson, Pascal Freyermuth, David Gaboriau, Raymong-Jacques Gea, Maryline Gesippe, Antoine Gillain, Magali Girard, Anne Gonneville, Laëtitia Gourbeille, Emmanuel Grivot, Anne Gueniot, Sabrina Haye, Audrey Hippert, Loïc Hislaire, Franck Hebert, Karima Hocine, Filip

Hristov, Patrice Jacques, Brigitte Joly, Thierry Joubaire, Jean-Michel Juy, Xavier Lacaze, Jacques-Guy Lange, Hélène Larrouy, Emmanuel Laurent, Philippe Le Calvez, Patrice Le Dorze, Sophie Marsaudon, Pascal Maurer, Nathalie Mauvieux, Jacques Mazars, Olivier Menuet, Sylvain Miguet, Jérôme Monier, Jean-Stéphane Monnet, Leocadie Mounis, Pierre Pelouzet, Agnès Pierrard, Patrick Pons, Audrey Poulain, Cristel Pellegri, Christine Pierrepont, Alexis Poyen, Jacques Rascol, Hugues Rioult, Catherine Robin, Jean-Marc Roger, Stéphane Ros, Jean-Pierre Rossetti, Bernard Schaër, Jean-Marie Schickele, Serge Schaeffer, Christine Scherrer, Jean Christophe Skica, Jeannine Spindler, Nathalie Termeulen, Vincent Teton, Thierry Vivensang, Cécile Vizatelle, Nouredine Zeraïg ainsi qu'à l'ensemble des membres, facilitateurs, animateurs et sponsors des différents réseaux apprenants cités dans ce livre.

Nous adressons des remerciements particuliers à Sophie Haldebique, qui a réalisé son stage de Master 2 en psychologie sociale du travail et ressources humaines auprès de Thierry Raynard du 2 avril au 1er octobre 2013, pour sa contribution à cet ouvrage, à travers sa réflexion, ses recherches, son questionnement et ses qualités rédactionnelles.

David Autissier, Jean-Pierre Hureau, Thierry Raynard et Isabelle Vendangeon-Derumez

Le changement est devenu une constante des organisations, obligeant celles-ci à s'adapter en permanence pour préserver et accroître leur performance. Ce n'est évidemment pas sans conséquence sur le bien-être des individus. Pour déployer un changement quel qu'il soit, deux méthodes sont le plus souvent appliquées : le management hiérarchique et le mode projet. Elles présentent toutefois de nombreuses limites. Les réseaux apprenants proposent une alternative à cette voie classique. Ils consistent à faire travailler ensemble des individus sur un sujet de changement, de manière organisée et en réunissant différents niveaux hiérarchiques (on parle de fonctionnement a-hiérarchique) ainsi que différents métiers, pour tout à la fois comprendre et agir.

En quoi les réseaux apprenants permettent-ils d'aller plus loin ? Dans la voie traditionnelle du management hiérarchique, l'organisation mobilise la structure managériale en place pour décliner des changements dans une logique « top-down ». Les bénéficiaires du changement sont davantage placés dans un rôle d'exécutants que de co-créateurs. Leur expression s'en trouve limitée. De fait, la prise de conscience de l'importance revêtue par le changement ainsi que des évolutions comportementales qui en découleront (en termes d'implication ou encore d'engagement) est limitée.

Dans la voie de la gestion du changement en mode projet par ailleurs, une équipe dédiée est chargée de déployer un processus donné pour atteindre une situation cible. Or, selon une étude de Gartner Group, un projet sur deux échoue parce qu'il ne parvient pas à susciter l'adhésion de ses parties prenantes. Cette méthode n'est donc guère adaptée aux projets de changements émergents et innovants dans lesquels la solution ne peut pas être pensée en amont sans les bénéficiaires. Pourtant, les changements consistent de plus en plus à construire une trajectoire de transformation avec les acteurs, plutôt que d'appliquer un plan prédéfini.

C'est là que réside l'un des principaux apports des réseaux apprenants : ils permettent à des collaborateurs de terrain, les bénéficiaires qui incarneront et rendront opérationnel le changement, de travailler avec les initiateurs de celui-ci sur les conditions de sa mise en œuvre. Ce fonctionnement peut être institué de manière conjoncturelle ou structurelle. Le changement est ainsi co-construit avant d'être conduit.

Dans le lieu d'interpellation que constituent les réseaux apprenants, la question du sens est nécessairement posée. Ce dispositif organisé permet aux parties prenantes d'un changement d'échanger sur leur situation existante, sur la cible proposée et sur la façon dont celle-ci pourra devenir une réalité opérationnelle durable. Toute la chaîne de management est mobilisée dans les ateliers d'échanges de pratiques et les expérimentations qui émaillent alors le changement. C'est pourquoi le réseau apprenant se distingue tout autant du mode hiérarchique que du mode projet. Animé par les participants et/ou un intervenant, il capitalise sur les apports de chacun pour bâtir une compréhension commune du changement et des pistes d'action. S'appuyant sur leurs propres pratiques et expériences pour définir le changement, les participants dessinent aussi, eux-mêmes, les évolutions comportementales qui seront nécessaires pour atteindre la cible. Pour les théoriciens de l'apprentissage, le réseau apprenant vise un apprentissage de type 2, qui consiste non pas à apprendre à faire quelque chose, mais à comprendre pourquoi et comment le faire. C'est ainsi que l'on peut opérer des changements profonds.

Les initiatives prises par la SNCF depuis 2007 en matière de réseaux apprenants offrent un retour d'expérience significatif et permettent d'effectuer une lecture méthodologique de cette notion, qui séduit un nombre croissant d'organisations convaincues qu'il faut dépasser le dogme selon lequel « ce qui est demandé sera fait ».

Cet ouvrage vise à définir ce qu'est un réseau apprenant en tirant parti du retour d'expérience de la SNCF. Quelles sont les bonnes pratiques qui s'en dégagent ? En quoi le réseau apprenant répond-il aux enjeux de performance de l'entreprise ? Pour y répondre, nous nous appuyons sur des études de cas approfondies, enrichies des résultats d'une enquête menée auprès de personnes ayant expérimenté un réseau apprenant.

L'ouvrage se décline en trois temps. Dans le premier chapitre sont présentés des témoignages de dirigeants, de managers opérationnels et d'agents ayant pratiqué les réseaux apprenants. Dans le deuxième chapitre, nous proposons un modèle de réseau apprenant, en détaillant ses composantes et son processus. Enfin, le troisième chapitre fournit des clés pour créer et animer un réseau apprenant.

01

Expériences de réseaux apprenants à la SNCF

Alors que l'environnement des entreprises se transforme à un rythme accéléré, que les exigences des clients évoluent à grande vitesse et que la concurrence ne cesse de se renforcer, le travail et les relations de production gagnent une complexité grandissante. Il devient impossible de tout prescrire. Pour développer sa performance et sa capacité d'adaptation, l'entreprise doit libérer le pouvoir de penser et d'agir de ses collaborateurs. Sa performance opérationnelle, économique et humaine tient alors à son aptitude à réunir des compétences diversifiées mais rendues solidaires dans leur mise en œuvre. Il s'avère essentiel de créer des lieux et des espaces permettant d'organiser en permanence des ajustements, de travailler sur les interactions, de décloisonner. Cela nécessite de co-construire une perspective du futur, permettant aux collaborateurs de se donner un horizon.

Dans ce contexte, l'enjeu majeur réside dans le développement d'un apprentissage collectif ancré dans le désir de chacun, quel que soit son niveau de responsabilité, d'accroître ses connaissances et d'entreprendre. Ce qui se joue alors, c'est l'évolution de la posture du dirigeant. Celui-ci doit apprendre à combiner sa légitimité hiérarchique avec une capacité à autoriser et à susciter le lâcher-prise, l'initiative, la responsabilisation. Il doit endosser un rôle de catalyseur agile. Par une démarche apprenante, il pourra favoriser le renouvellement des modes de pensée et associer la réflexion à l'action.

S'il nous est impossible de travailler comme hier et si l'accompagnement d'un changement s'impose, comment associer le plus grand nombre d'acteurs à l'apprentissage de nouveaux modes de fonctionnement qui soient bénéfiques tout à la fois pour les clients, les salariés et l'entreprise ?

Renouveler les modes de management

Nombre d'entreprises industrielles ou de services, en droite ligne avec les modes de management issus du système taylorien, ont recherché leurs marges d'efficience dans l'hyper-rationalisation de leur processus de production. Cette tendance s'est trouvée renforcée par une vision technocratique du pilotage central de la transformation. La crise a conduit à en faire « toujours plus », c'est-à-dire à accroître la maîtrise *a priori* des gestes professionnels, codifiés dans des procédures foisonnantes. Mais ceci s'est opéré dans un contexte où la complexité allait croissant et où l'environnement était soumis à un changement permanent. Il en a résulté un désalignement du travail réel avec le travail prescrit. Les entreprises ont été tentées d'y répondre en renforçant encore leur volonté de maîtriser des processus *a priori*. Dans les faits, cette solution n'a fait que renforcer le problème.

Alignement ou autonomie ?
Le paradoxe des organisations

Confrontés à cette conjonction de phénomènes paradoxaux, nombreux sont les collaborateurs qui éprouvent le sentiment de ne plus pouvoir s'épanouir au travail. Cette situation peut générer du stress, de l'insatisfaction et du désengagement organisationnel.

De leur côté, les organisations constatent qu'elles ne permettent pas à leurs collaborateurs de donner le meilleur d'eux-mêmes, et qu'elles parviennent difficilement à susciter davantage de coopération et d'initiative. Alors qu'elles enjoignent les salariés à l'*empowerment*, à l'autonomie et à la responsabilisation, ceux-ci ont le sentiment que le système exige toujours plus d'alignement procédural de leur part. Notons qu'une volonté sincère de rapprocher les décisions du terrain peut d'ailleurs se traduire par un renforcement de la rationalisation et de la codification du travail. En effet, il n'est pas dit que plus le management s'exerce à proximité du terrain, plus il est autonomisant pour les acteurs. C'est même le plus souvent l'inverse. Nos pratiques de management restent imprégnées par des modes d'organisation et de comportement socioculturels hérités du passé, inadaptés au nouveau contexte de mondialisation, de concurrence et d'évolution rapide des demandes des clients.

Nous devons relever le défi de l'innovation sous toutes ses formes, technologiques, économiques aussi bien que socio-organisation-nelles. Ce qui devient déterminant n'est pas tant la quantité de ressources financières, matérielles et humaines qui sont mobilisées que la façon dont elles sont mises en œuvre. Outre le « pourquoi », le « comment » est devenu aussi, sinon plus important, que le « combien ». Désormais, la création de valeur tient en grande partie à la capacité à mobiliser les énergies autour d'actions valorisantes pour l'ensemble des parties prenantes.

Confrontées à cette crise du management traditionnel, de nom-breuses entreprises multiplient les dispositifs existants – forma-tions managériales ou comportementales, prévention... – alors qu'il convient essentiellement de s'occuper du travail des collaborateurs, de leurs conditions d'exercice individuelles et collectives, de l'organi-sation des activités dans les métiers. Cependant, elles commencent à prendre conscience du stress, du désenchantement voire du désen-gagement progressif vécus par une partie de leurs salariés, qui ne trouvent pas de réponse adaptée dans les formes classiques d'or-ganisation du travail. Le constat émerge selon lequel l'engagement des salariés passe par le rétablissement de leur capacité à penser et à agir sur leur travail.

C'est justement à cet enjeu que répondent les notions d'apprenance et d'entreprise apprenante.

L'organisation apprenante pour penser et agir sur le travail

Quelles sont les particularités des organisations apprenantes ? En quoi permettent-elles de dépasser les écueils de modes de management devenus obsolètes ?

Les notions d'apprenance[1] et d'entreprise apprenante[2] présentent quatre caractéristiques majeures :

- Créer les modalités permettant aux salariés de devenir acteurs et producteurs des conditions dans lesquelles ils travaillent ainsi que de faire l'apprentissage de nouvelles pratiques en situation réelle de travail.

- Apprendre ensemble à s'ajuster en réunissant les différents niveaux hiérarchiques ; travailler les solidarités locales ; ne pas hésiter à aborder les écarts de points de vue.

- Organiser le travail en tenant compte de la part de savoir de chaque salarié, et assembler ces savoirs – ce qui n'est autre que de l'intelligence collective.

- Faire expérimenter par les acteurs eux-mêmes les innovations qu'ils ont produites, dans leur cercle d'influence.

La philosophie de l'apprenance permet de développer une culture forte du client car elle aide à s'ouvrir à des besoins nouveaux et évolutifs. Elle habitue à prendre du recul, à être décentré, à accepter d'être secoué dans ses représentations, à entendre d'autres points de vue et à bouger. Aussi l'entreprise apprenante répond-elle particulièrement au besoin de développement d'une culture de service qui

---

1. L'« apprenance » est un néologisme qui définit une attitude et des pratiques individuelles et collectives. Elle exprime une volonté d'apprendre à quatre niveaux : individuel, organisationnel, interorganisationnel et sociétal.

2. Nés des travaux de Chris Argyris et de Peter Senge, le concept et la pratique de l'organisation apprenante se sont développés tout au long des années 1990 et 2000. Voir :
- ARGYRIS C. et SCHÖN D., *Apprentissage organisationnel : théorie, méthode, pratique*, Éditions De Boeck, Bruxelles, 2001 ;
- SENGE P., *La Cinquième Discipline. L'Art et la manière des organisations qui apprennent*, Éditions Générales First, Paris, 1992.

nécessite une adaptation permanente et des marges de manœuvre en réponse aux besoins du client.

La richesse des interactions créatives

L'entreprise, dotée d'organisations complexes, ne peut pas être dirigée et planifiée de façon uniquement autoritaire, jusque dans les moindres détails. Elle a besoin d'inter-ajustements créatifs. En effet, des marges de progrès considérables sont cachées dans les interactions. Il faut simultanément mieux maîtriser les fondamentaux de l'organisation pour survivre et renforcer la cohésion et l'implication des équipes. L'intelligence collective doit irriguer les décisions stratégiques et l'évolution des métiers, des techniques de production, des services, des modes de distribution et de la compréhension des clients. Cela implique de la part du management une écoute attentive et active.

Les réseaux apprenants, dans lesquels œuvrent des acteurs auto-nomes, offrent justement la capacité de s'ajuster en permanence au quotidien. L'entreprise apprenante réduit à l'essentiel le niveau de prescription et de contrôle, pour le remplacer par un système de régulation collective. Cette logique se propage par capillarité, par contagion volontaire. Cela nécessite de la constance, du travail en profondeur et du temps – le temps nécessaire au changement de représentations ancrées de longue date, et qui peut être variable selon les individus. Tout processus d'industrialisation de cette démarche serait infructueux. Il faut accompagner chaque dirigeant désireux de s'engager dans cette voie, ainsi que son équipe de direc-tion. La transformation managériale de l'entreprise nécessite donc de travailler sur trois niveaux : l'individu, l'équipe et l'entreprise.

Précisons toutefois qu'il ne s'agit pas là d'une conversion radicale à un nouveau mode de management. Qu'elle soit industrielle ou de services, l'entreprise garde une organisation où certains rôles sont tournés vers la conception, d'autres vers l'organisation et d'autres encore vers la réalisation. L'enjeu est plutôt de rapprocher la concep-tion d'une part, des contraintes de l'exécution d'autre part, où est nécessairement mobilisée l'autonomie des acteurs dans l'élaboration de leur travail. Ceci est tout à fait compatible avec le respect de règles intangibles dans des domaines sensibles. Il en va de l'engage-ment des acteurs et de leur capacité à s'adapter aux clients, dans un esprit de service. Les individus sont à l'aise dans des situations où ils peuvent donner. Ils ont besoin d'échanges et de dons.

L'émergence de nouvelles pratiques dans les entreprises

Les réseaux apprenants aident les dirigeants à mettre les organisations en mouvement en encourageant le pouvoir d'action des collaborateurs et leur prise d'initiative. Pour impulser une telle évolution des modes de management, il importe de travailler en premier lieu auprès des équipes dirigeantes (directeurs de région, de territoire de production, d'activité, de ligne, d'établissement...).

De nombreuses entreprises mènent des expérimentations et des recherches sur la possibilité de refonder le management en ce sens, en particulier au Canada, en Europe du Nord et dans une partie de l'Asie (notamment en Corée du Sud). La France, quant à elle, est nettement moins avancée. Dans de grandes organisations, l'on voit cependant des groupes de managers se réunir régulièrement autour des problématiques et des enjeux des démarches apprenantes.

À la SNCF, ces initiatives traduisent la volonté de constituer un lieu de réflexion pour des dirigeants désireux de développer le management par les réseaux, dans le but d'inscrire les acteurs opérationnels dans une dynamique collective. Le besoin s'en est fait ressentir lorsque ces dirigeants se sont trouvés confrontés à des logiques de management transverses, sans lien hiérarchique, qui demandaient de renforcer les coopérations. La plupart du temps, ces dirigeants ont lancé des démarches de réseau dans leur périmètre, dans le dessein de faire évoluer les postures des agents et des managers vers davantage de dialogue, de coopération transverse et de prise d'initiative. Ils ont fixé pour cela des objectifs de résultats concrets et visant l'amélioration de la performance. Car les réseaux apprenants ne peuvent fonctionner qu'à partir du moment où ils sont connectés avec la réalité opérationnelle vécue au quotidien. La plupart de ces démarches sont accompagnées par des facilitateurs* internes et/ou externes.

---

*. Les mots suivis d'un astérisque dans le texte font l'objet d'une définition dans le glossaire p. 187.

Des dirigeants convaincus

Les dirigeants qui s'investissent dans ces démarches témoignent de l'impact positif qu'elles ont sur leur posture managériale. Ils y puisent une autorisation personnelle à aller plus loin, à mettre les sujets en perspective, à être les initiateurs d'une refondation. Ils dépassent l'étape où l'on a de bonnes idées pour les autres, pour prendre conscience de ce qu'ils ont le pouvoir de réaliser eux-mêmes. Ces démarches soutiennent leur volonté d'obtenir des sauts de performance définis et mesurables pour atteindre un cap donné, de même que leur ambition d'améliorer les résultats grâce à l'engagement personnel et collectif des acteurs opérationnels. Les individus sont placés en situation d'être auteurs et acteurs des conditions du changement et des innovations ainsi que de leur mise en œuvre. Les interactions et les coopérations entre entités qui en découlent permettent de réaliser de réels progrès, d'autant que les collaborateurs, dès lors qu'ils sont pleinement acteurs de cette logique, sont enclins à en diffuser les bonnes pratiques une fois qu'elles sont reconnues et validées par le management. Plusieurs leaders de ces démarches estiment exercer dans ce cadre un rôle d'impulsion, d'exigence et de soutien à leurs équipes dans les évolutions du travail.

Plus précisément, d'un point de vue qualitatif, nous constatons que les démarches de management par les acteurs (réseaux, coopérations inter-métiers...) produisent un certain nombre d'effets bénéfiques :

- une plus grande performance opérationnelle sur des enjeux définis ;

- de l'engagement ;

- un sentiment d'appartenance ;

- de la reconnaissance ;

- du sens ;

- de la confiance ;

- du lien entre les différents niveaux hiérarchiques.

À ce jour, plus d'une vingtaine de ces démarches sont engagées à la SNCF. Elles impliquent de nombreux acteurs :

- près de 2 000 collaborateurs directement concernés en tant que participants ;

- plus de 200 directeurs, dirigeants et managers impliqués en tant que participants et membres de la gouvernance des démarches ;

- près de 20 accompagnateurs (facilitateurs internes) ;

- plusieurs milliers de collaborateurs impactés par les résultats et touchés par l'esprit des réseaux apprenants.

Nous nous proposons de retracer l'histoire de quelques-uns de ces réseaux apprenants.

SynergiA, réseau apprenant de la direction des Achats

À son arrivée en 2007 à la direction des Achats de la SNCF, Pierre Pelouzet dresse le constat suivant : les équipes avaient *a minima* besoin de repères et d'une vision. « Pour tout dire, elles avaient été quelque peu traumatisées par des événements antérieurs », explique-t-il. Il s'emploie donc, avec ses proches collaborateurs (cinq directeurs délégués), à élaborer une nouvelle vision stratégique qui décline aussi bien des objectifs que des modes de management. Ensemble, ils créent le programme SynergiA qu'ils soumettent au Comité de direction (Codir) de l'entreprise, dont ils obtiennent la validation. Le projet est négocié avec les instances représentatives en février 2008, puis présenté à l'ensemble du personnel.

Première étape : la constitution du réseau

Aux yeux de Pierre Pelouzet toutefois, ce nouveau programme qui fixe les grandes orientations à venir de la direction des Achats est incomplet. Comment définir des plans d'actions permettant d'atteindre le plus efficacement possible les objectifs fixés ? Il fait part de ses interrogations au directeur des Ressources humaines (DRH),

Finance et Stratégie, Jean-Pierre Hureau, qui lui suggère de constituer un réseau apprenant. L'idée lui paraît extrêmement pertinente : ce réseau serait l'occasion de mettre en discussion les quarante conditions de réussite de la nouvelle vision stratégique déterminées par le Codir des Achats, tout en impliquant les opérationnels.

Première étape de la constitution du réseau, Pierre Pelouzet propose à douze de ses collaborateurs d'endosser un rôle d'entrepreneur*. Ils ont pour mission de discuter des quarante conditions de réussite pour ne retenir que les plus pertinentes ou celles qui méritent d'être approfondies. Reste à recruter les membres du réseau ! Le volontariat, de mise dans les démarches suivantes, n'est pas évident pour cette toute nouvelle expérience. Il faut convaincre les uns et les autres de l'intérêt d'y consacrer du temps. Les membres de l'équipe de direction prennent alors leur bâton de pèlerin. Aidés des entrepreneurs et de Pascale Blanchet, qui accepte le rôle d'animatrice[1], ils partent à la rencontre des collaborateurs[2].

Le terrain est propice à la création d'un réseau apprenant. En effet, la direction des Achats étant habituée à travailler avec de nombreux fournisseurs, la dimension relationnelle y est essentielle, tant pour signer des contrats que pour pérenniser la relation commerciale. C'est un atout majeur dans ce métier que de partager la connaissance des fournisseurs et les pratiques d'achat. Un entrepreneur en témoigne : « Nous gagnons une force de développement plus importante en actionnant un effet réseau et en nous appuyant sur les différents talents de la direction des Achats. Les collaborateurs, qui appliquent des savoir-faire dans leur pratique individuelle, peuvent aussi les déployer sur d'autres problématiques – à condition qu'ils y soient motivés et que nous sachions rendre la vie du réseau attractive. Cela peut inciter les individus à collaborer sur des sujets qu'ils n'arriveraient pas à faire avancer s'ils continuaient à travailler seuls, chacun de leur côté. »

---

1. L'animatrice a pour mission d'organiser la vie du réseau dans sa globalité et d'en assurer le bon fonctionnement.
2. Ces collaborateurs sont principalement choisis au sein d'un vivier de personnes identifiées comme cadres à haut potentiel.

Le lancement

Pour lancer le réseau apprenant, il faut marquer les esprits par un événement d'envergure. En septembre 2008, les cent membres qui ont rejoint la démarche se réunissent à l'occasion de la première réunion plénière (ou plate-forme) du réseau. Tous ont accepté de relever le défi lancé par leur directeur, certains par curiosité vis-à-vis du projet, la plupart par volonté de s'impliquer dans les réflexions sur des thèmes qui touchent à leur travail quotidien. En revanche, aucun ne sait réellement ce qu'est un réseau apprenant ni comment il fonctionne. Pour le leur expliquer, les organisateurs misent sur un exemple concret. Ils ont invité un ancien directeur de France Télécom, ayant lui-même monté des réseaux apprenants, à témoigner de son expérience.

Après cette phase introductive, les membres entrent dans le vif du sujet. « Nous les avons fait travailler sur les grands axes du programme, en leur demandant de nous faire part de leurs idées et de leurs propositions » explique un directeur. « Nous voulions qu'ils nous disent comment ils souhaitaient avancer sur les thèmes qui leur étaient proposés. Une fois qu'ils auraient trouvé des bonnes idées, ils pourraient les tester et faire un retour sur les résultats de ces expérimentations. » À l'issue de cette journée d'échanges, les participants (entrepreneurs et entr'apprenants*) retiennent trente-cinq conditions de mise en application de la vision stratégique de leur direction et les classent selon un ordre de priorité. Sur cette base, ils décident de s'organiser autour de cinq axes de travail :

- le service au client ;

- la sécurisation et la simplification des procédures ;

- le développement RH ;

- les achats durables et solidaires ;

- la performance économique ;

Un fil rouge : l'identification et la mise en œuvre du changement de posture pour les acteurs de la direction, ainsi que l'échange de bonnes pratiques.

Ainsi voit le jour le premier réseau apprenant, SynergiA. La dynamique est-elle pour autant acquise ? Pierre Pelouzet garde en mémoire la mise en garde que lui a adressée Jean-Pierre Hureau :

« Ils sont cent au départ, mais il n'y en aura plus que quatre-vingts dans deux mois et cinquante dans quatre mois. Il restera un noyau dur d'une quarantaine de membres, et ce sera génial. »

Faire vivre le réseau

Si le réseau apprenant est lancé, il faut maintenant le faire vivre. C'est le rôle de Pascale Blanchet, devenue officiellement facilitatrice. Elle commence par répartir les membres volontaires en cinq groupes de travail, un par axe, en prenant soin de tenir compte de leurs thèmes de prédilection. Chaque groupe (une vingtaine d'entrepreneurs et entr'aprenants) se scinde en sous-groupes de trois à cinq entr'aprenants, animés par un ou deux entrepreneurs, pour approfondir des volets particuliers. Précision importante, les membres appartiennent à tous les niveaux hiérarchiques, de la maîtrise jusqu'à l'encadrement. C'est d'ailleurs l'un des principes de base du fonctionnement des réseaux apprenants, auquel les membres sont fortement attachés. Un entrepreneur en témoigne : « Nous essayons aussi d'associer les chefs de département, car le principe du réseau est de ne plus prendre en considération la notion de lien hiérarchique ou même fonctionnel. La seule question qui importe, c'est de savoir comment et avec qui on peut atteindre l'objectif. »

Le réseau apprenant se structure également autour de sponsors porteurs d'axes, à savoir deux directeurs délégués pour chaque axe de travail. Tous membres du Codir, ces sponsors ont pour mission d'influencer la réflexion des groupes, de les *challenger*, de leur apporter les informations nécessaires à leurs travaux et de les aider à expérimenter les solutions qu'ils proposent. Une mission qui n'est pas toujours bien comprise par les membres du réseau, ainsi que le relate un directeur : « Il a fallu expliquer que le sponsor n'était pas celui qui décidait de ce qu'il fallait faire, mais qu'il était là pour s'assurer que tout fonctionnait bien et, éventuellement, éviter de poursuivre une réflexion qui ne pourrait pas aboutir. » Les entrepreneurs, quant à eux, endossent leur rôle d'animateurs. Il s'agit, témoigne un intrapreneur « de prendre au vol les idées et d'essayer de les structurer *a minima* pour alimenter la machine. Ainsi, se dégagera un faisceau de convergence vers une idée qui pourra éventuellement être livrable ». Toutefois, cette posture d'animation n'est pas pour plaire à tous. « Ce qui me gênait beaucoup, dit un membre du réseau, c'est que les entrepreneurs étaient là pour impulser les choses et proposer une méthodologie, mais en aucun cas pour contribuer aux sujets sur le fond. Or, je ne voulais pas me contenter de proposer une méthode ; j'avais envie de m'investir dans les réflexions. C'est pourquoi je n'ai pas souhaité m'investir comme entrepreneur. »

Des premiers freins...

Les sous-groupes commencent à réfléchir aux actions à engager. Cependant, il s'avère difficile pour les entrepreneurs de réunir les entr'apprenants, même en sous-groupes : « On essaie de travailler en commun quand on a un peu de temps, mais cela passe le plus souvent par des échanges informels ou des comptes rendus d'avancement. On se téléphone de temps en temps pour en discuter. » Aux agendas difficiles à faire coïncider s'ajoute parfois la mauvaise volonté de managers réticents à laisser leurs collaborateurs consacrer du temps à ce réseau apprenant dont ils ne comprennent pas les enjeux. Même le directeur reconnaît qu'il n'est pas aisé de convaincre les managers de l'intérêt de la démarche : « Les membres n'étaient pas soutenus par leur management, qui n'avait pas forcément bien compris ce que nous faisions malgré nos efforts d'explication. Quand un manager voit les membres de son équipe disparaître régulièrement pour travailler sur un "truc" appelé réseau, il n'est pas enclin à les soutenir... Il a plutôt tendance à leur demander s'ils sont certains d'avoir besoin d'y aller. »

Et rapidement, le doute s'installe parmi les membres du réseau. Ils s'interrogent sur le réel engagement de leur direction. Sont-ils libres de proposer ce qu'ils souhaitent ? Comment la direction réagira-t-elle aux propositions qui lui déplairont ? Le directeur, très attentif à ces questions, enjoint d'aller de l'avant, en étant présent aux côtés des membres du réseau et en encourageant les initiatives. Pour certains, ce moment est utile, voire nécessaire : « Il faut que cette période de flottement existe car elle correspond à l'émergence de l'innovation, de la nouveauté. C'est le moment où l'on pose le cadre en tant qu'entrepreneur, où l'on rassure les autres en leur disant de continuer, de ne pas s'inquiéter, que cette étape est incontournable et fondamentale. La nature ayant horreur du vide, une production finira nécessairement par en ressortir. Mais c'est une prise de risque. » Il faut se garder de précipiter les choses. Au contraire, l'espace de discussion doit être ouvert. Chacun doit avoir le temps de comprendre son rôle et d'intégrer les principes de l'apprenance. Comme le relatent tous les membres du réseau, ce serait une erreur que de vouloir fonctionner comme un groupe de travail, en suivant un planning déterminé et en visant la réalisation des objectifs à un horizon de deux mois par exemple.

Cette période est également nécessaire pour établir un lien de confiance. Comme le souligne le directeur, « il y a eu une vraie période d'apprentissage d'environ un an, qui a permis d'instaurer la confiance entre les membres. C'était une étape essentielle. Dans un changement de mode de management, on passe forcément par un moment où l'on doit établir, créer et acquérir la confiance ».

Les membres, quant à eux, se sentaient aussi déstabilisés par ce nouveau mode de fonctionnement. Les anciennes habitudes reprenaient le dessus (« Chef, que veux-tu que je fasse ? »), alors que la démarche du réseau apprenant repose justement sur la capacité des membres à proposer des solutions. Quand ils avaient une proposition à formuler, les membres avaient encore besoin de l'approbation de leur manager pour se l'approprier et la mener à bien. Il revenait alors au directeur et aux sponsors de leur redonner confiance : « Si vous pensez que c'est bien, faites-le ! »

… vite surmontés

La méthode porte ses fruits. Six mois plus tard, la ferveur du départ n'a pas faibli. Et contrairement aux prévisions, les membres continuent à travailler au sein du réseau apprenant.

Pour rythmer la vie du réseau, Pascale Blanchet organise des plates-formes qui regroupent l'ensemble des membres : entr'apprenants, entrepreneurs et sponsors porteurs d'axes, sans oublier le directeur des Achats, fidèle à chaque réunion. Chaque groupe y présente l'état d'avancement de ses réflexions, ce qui donne lieu à des échanges entre tous. Ces plates-formes sont aussi l'occasion de s'ouvrir sur des pratiques externes. C'est ainsi que le directeur des Achats du groupe 3M est venu présenter son expérience en matière d'achats durables.

Les entrepreneurs s'investissent pleinement dans leur rôle. Ils impulsent la dynamique de groupe et la relancent quand les entr'apprenants semblent démotivés. Ils aident les entr'apprenants à se mobiliser sur le long terme, sachant que le réseau apprenant n'a pas vocation à produire des résultats immédiats.

La présence du directeur à chaque plate-forme et ses messages d'encouragement renforcent l'engagement des membres : « Ils sentaient que ce qu'ils faisaient était intéressant, et je venais les encourager tous les deux ou trois mois, leur dire qu'ils étaient sur la bonne route et que ce n'était pas grave s'ils n'avaient pas encore abouti à quelque chose. Il faut reconnaître que ce n'était pas évident à gérer pour tout le monde. Mais cela a suffisamment tenu le coup pour qu'au bout d'un an, il commence à en sortir des choses. Même les plus sceptiques ont bien dû le reconnaître ! »

Progressivement, la confiance s'installe, permettant au réseau apprenant de se positionner dans une dynamique de production. Une fois leurs propositions validées par les sponsors, les entr'apprenants les expérimentent puis les mettent en place. Un an plus tard, après quatre plates-formes et de nombreuses réunions de sous-groupes, les premières actions voient le jour : de nouvelles procédures orientées vers les clients, une charte des chantiers verts aujourd'hui systématiquement appliquée aux achats dans le domaine du bâtiment, etc.

Deuxième étape : la nouvelle vie du réseau

Après deux ans d'existence toutefois, le réseau apprenant donne des signes d'essoufflement. Les groupes sont à court de sujets à traiter, ayant le sentiment d'avoir épuisé les cinq axes de départ. Surtout, un décalage commence à se faire sentir entre les équipes qui participent au réseau et les autres. D'un commun accord, tous les membres décident de faire une pause. Pour autant, le réseau ne se dissout pas. Quelques mois après cette pause, il reprend vie sous une nouvelle forme. Pascale Blanchet est remplacée par Brigitte Joly dans le rôle de facilitatrice.

Fort de l'expérience passée, Pierre Pelouzet propose aux membres de quitter le cadre formaté par la direction : « Les sujets ne sont pas nécessairement canalisés par les cinq axes du programme, mais peuvent être transverses. Ne vous privez pas d'emprunter des chemins de traverse ! »

Naissance du Cair*

Il est aussi décidé de faire participer les managers à un comité de pilotage du réseau apprenant, afin qu'ils puissent s'imprégner de cette nouvelle culture et « se rendre compte que le réseau n'est pas une chose qui se situe en dehors de leur contrôle » explique Pierre Pelouzet. C'est la naissance du Cair, Comité d'animation et d'influence du réseau. Sa création se justifie par la transversalité des nouveaux thèmes retenus par les membres. Il est composé de quelques membres du Codir, de chefs de département et de patrons de centrales d'achats. Voici comment un de ses membres définit sa mission : « Le membre du Cair joue un rôle d'animation plutôt centré vers les entrepreneurs et le réseau. Il offre la capacité d'ouvrir des portes quand il faut, apporte un appui, aide et accompagne. Il exerce une influence auprès du Codir ou des autres instances de l'entreprise pour permettre au réseau d'avancer dans ses travaux et lui faciliter la tâche. » Les membres du Cair, comme ceux du réseau apprenant, sont volontaires et peuvent quitter le comité à tout moment.

Un mouvement naturel enrichissant

Au sein du réseau, des mouvements s'engagent. Sur les douze entrepreneurs initiaux, il n'en reste qu'un. C'est ce qui fait la richesse du dispositif. « J'aime le côté informel du réseau où chacun apporte sa contribution dans la mesure de ses possibilités, sachant que nous avons tous des calendriers ou des agendas bien chargés, témoigne un entrapreneur. J'apprécie le principe selon lequel chacun peut entrer ou sortir quand il le souhaite, sans *a priori*. »

Les nouveaux entrepreneurs sont identifiés et cooptés par leurs pairs. Ces renouvellements sont aussi l'occasion de repenser le rôle de ces acteurs. Ainsi, il est décidé de leur permettre d'intervenir dans les réflexions des groupes de travail, sans se limiter à des éléments de méthode : « Les cartes ont été rebattues, et la posture des entrepreneurs a été redéfinie. Il a été jugé que finalement, il n'y avait pas de raison que les entrepreneurs ne puissent pas contribuer aux travaux sur le fond. Il était dommage de se priver de ces apports. Un ancien entrepreneur de mon groupe Performances cherchait un volontaire pour endosser ce rôle. Du coup, je me suis lancé dans l'aventure. Avec cette nouvelle posture, et sachant que je pourrais travailler sur de nouvelles thématiques qui m'intéressaient, j'étais partant pour devenir entrepreneur », explique un participant.

Des thèmes portés par les membres

Les groupes de travail se remettent en marche sur de nouvelles thématiques qui, cette fois, émergent de leurs questionnements et non plus de la direction. Ils élaborent un premier inventaire « à la Prévert » de tous les thèmes qui leur semblent intéressants mais ne sont traités ni par un groupe ni sous une autre forme. Avec Brigitte Joly, ils organisent des séances de travail pour synthétiser ces thèmes et tenter d'en faire émerger une logique. Quatre grandes thématiques sont ainsi identifiées :

- l'innovation et les pratiques d'achat ;

- les relations fournisseurs ;

- le management ;

- le marketing de la relation client.

Chaque entr'apprenant se prononce ensuite sur trois thématiques de son choix, et des groupes équilibrés sont constitués. C'est l'occasion de faire le point sur l'envie des uns et des autres de rester dans le réseau apprenant. La possibilité de traiter de sujets qui les intéressent personnellement constitue un élément de motivation pour nombre de membres.

Il faut maintenant décliner les thèmes en sous-thèmes. L'entrepreneur dédié à la problématique du management engage la réflexion : « Que doit être le management demain ? Qu'est-ce qui est nécessaire pour être un bon manager et un bon managé ? » Les premières réactions peuvent être quelque peu réticentes : « Vraiment, on nous demande notre avis en tant que managés ? » La thématique est affinée dans chaque groupe de travail : « Nous avons commencé à phosphorer, à échanger tous ensemble et nous sommes arrivés à quatre sous-thématiques particulières, donc à quatre sous-groupes :

- apprendre à se connaître soi-même ;

- le changement de posture ;

- favoriser la proximité relationnelle ;

- les outils collaboratifs du réseau. »

Comme l'observe un entrepreneur, il s'agit là d'un exemple typique où le sujet ne peut provenir que des acteurs. L'imposer dans un réseau apprenant serait une erreur grossière. Il est indispensable que tous les membres, quel que soit leur niveau, s'accordent à travailler cette problématique ensemble, tout en y portant un regard personnel. De cette réflexion est née une grille d'autoévaluation qui permet de mener, explique un entrepreneur, « une analyse des écarts entre ce que les managés disent de moi en tant que manager et l'auto-évaluation que j'effectue moi-même en tant que chef de pôle – le tout en s'aidant d'une grille de questionnement et sur la base du volontariat. Ensuite, je travaille sur ces écarts et les expose à mon groupe, dans le cadre d'une relation de proximité ».

L'expérimentation a mis en évidence qu'il était important d'expliquer comment la grille devait être utilisée, pour éviter qu'elle ne devienne un outil de manipulation[1]. Le sous-groupe planche alors sur une charte qui en précise l'usage.

Cependant, tous les sous-groupes ne parviennent pas à s'inscrire dans une dynamique de réflexion collective. C'est notamment le cas pour celui qui se consacre au thème du changement de posture. Ses membres choisissent alors de quitter le réseau apprenant ou sont réintégrés dans d'autres sous-groupes.

Pour le thème du marketing, l'entrepreneur prend les devants et organise des séances de *brainstorming*, de type « world café[2] », pour faire émerger des idées. Plusieurs sous-thématiques émergent alors :

- les clients de la direction des Achats, leurs besoins et leurs attentes ;

- la structuration de l'offre de services de la direction des Achats ;

- le changement de posture des acheteurs.

Ces sujets témoignent du bouleversement profond des pratiques que constitue l'évolution vers une logique de service, et que décrit un entrepreneur : « Entrer dans une démarche de marketing à la direction des Achats induit un changement de posture très important

---

1. Un entrepreneur témoigne : « L'exercice a eu lieu il y a seulement une semaine, et je reçois déjà des emails me demandant : "Qu'est-ce que c'est que ce 360° ?" Ils proviennent de chefs de département, ce qui prouve que l'idée fait son chemin. Mais ma crainte, c'est qu'elle ne fasse pas son chemin dans le bon sens. J'ai eu chaud ! Néanmoins, nous sommes parvenus à en parler d'une même voix, d'une manière très posée et modérée, en désamorçant les "bombes". Par exemple, les organisations syndicales nous demandaient quand nous ferions en sorte que l'ensemble des dirigeants responsables passent par cet outil. »
2. www.theworldcafe.com.

pour les acheteurs. Car aujourd'hui, ce n'est pas dans leurs gènes que de se vendre et de proposer des services. Nous nous disions plutôt : vous avez un besoin, et de toute façon vous ne pouvez passer que par nous pour y répondre. Bien loin d'une logique de service ! »

Il est décidé d'effectuer un diagnostic des bonnes pratiques de service des acheteurs de la SNCF et de réaliser un benchmark externe pour déployer de nouvelles façons de faire. Ensuite, chaque entrepreneur prend en charge l'animation d'un sous-groupe pour travailler avec les entr'apprenants sur de nouvelles pratiques.

Durant cette phase, le rôle de l'entrepreneur est central. C'est lui qui impulse la dynamique et maintient la motivation des participants. Il convoque les réunions, y participe et en dresse les comptes rendus. Il reste en contact avec chaque membre entre les réunions et suit l'avancement de leurs réflexions. Afin d'y parvenir, les entrepreneurs assurent souvent leur mission en binôme. Pour ne pas laisser l'enthousiasme de départ retomber, les entrepreneurs s'efforcent de travailler sur des cycles courts (trois à six mois) et de viser des livrables pouvant assez rapidement faire l'objet d'une expérimentation.

Affirmer la légitimité et la visibilité du réseau

Lorsque le cycle est terminé, les entr'apprenants sont interrogés sur leurs intentions futures. Souhaitent-ils arrêter de travailler sur ce sujet ? Existe-t-il d'autres sous-thèmes dont ils puissent se saisir ? Veulent-ils rejoindre d'autres groupes ? La décision se prend collectivement.

À nouveau, les membres du réseau apprenant s'enrichissent de leurs échanges et de leurs productions. « Je suis convaincu de l'apport positif de cette démarche sur les échanges, la communication, les bonnes pratiques et la connaissance des gens, affirme un entrepreneur. Depuis six ans que je suis là, les gens ne se connaissent pas. À la direction des Achats au contraire, je connais tout le monde, notamment grâce au réseau. » Tisser des liens forts n'est pas la seule raison qui explique l'engagement des membres. La perspective d'aboutir à un livrable stimule la participation de tous. Comme le retrace un entr'apprenant : « Il était satisfaisant pour les participants de voir que quelque chose de concret sortait de leurs réunions et de leurs actions. Même si l'on ne se le dit pas forcément, le principal est de se réunir, d'échanger et de pouvoir faire avancer les choses. Mais tout de même, on est content quand au final, il en sort quelque chose ».

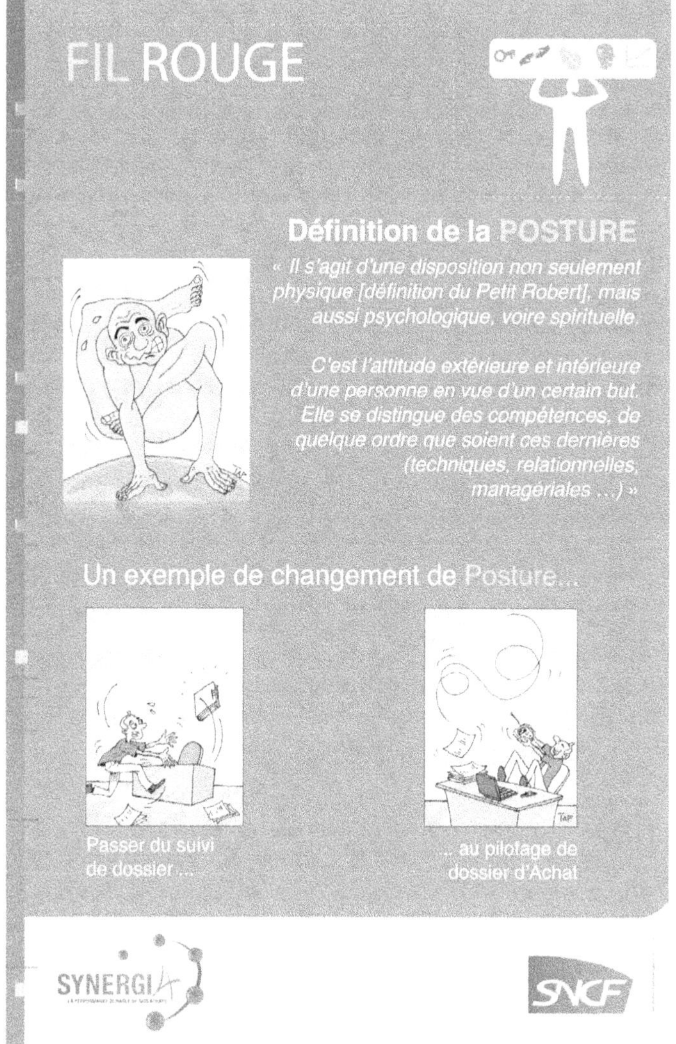

Le changement de posture selon le réseau SynergiA

Pour certains, le livrable est un moyen de légitimer l'existence du réseau apprenant : « Le livrable me semble incontournable. J'ai eu une discussion un peu tendue avec une personne qui m'expliquait que le réseau n'était pas censé produire. Je ne suis pas d'accord. Ce n'est bien sûr pas le seul but du réseau, mais il faut qu'on puisse en sortir des choses. Évidemment, il faut que cela nous apporte en termes de changement de posture et d'appropriation, grâce à la capillarité d'un certain nombre d'idées. Mais pour moi, le réseau doit aussi produire d'une façon ou d'une autre et que cela soit visible et tangible. Le risque, sinon, est que tous ceux qui ne font pas partie du réseau aient l'impression qu'il s'agit d'une vaste fumisterie, où cent personnes se retrouvent tous les trois mois pour manger des petits fours et écouter parler les gens. » D'où la nécessité, également, de communiquer sur les travaux du réseau apprenant auprès des membres de la direction des Achats. « Le but de notre réunion de début d'année était notamment de communiquer sur le réseau auprès de ceux qui n'en font pas partie, explique un entrepreneur. D'où l'idée de mettre en place un blog et d'inviter les gens à le consulter. Nous sentons bien qu'en interne, nous souffrons d'un déficit de communication. C'est peut-être pour ça que nous essayons de présenter des cas concrets de livrables ou de résultats issus du réseau. Nous cherchons une légitimité, ou du moins à avoir du crédit auprès de ceux qui voudraient bien entrer dans le réseau. »

Avec quelques membres, Brigitte Joly monte une exposition itinérante pour expliquer le fonctionnement du réseau apprenant, les thèmes qu'il traite et la contribution qu'il apporte à l'entreprise. Des films sont tournés à cette même fin.

Mais au-delà des livrables, c'est aussi le changement de posture qui est important, comme le souligne un membre du Cair : « Il y a en fait deux types de livrables. L'un est palpable : c'est l'affiche, le 360°, le mapping des outils... Il est concret, il se voit, mais il n'est pas forcément le plus important. Le plus important est le livrable que j'appelle non palpable, qui recouvre tout ce qui touche au changement et aux évolutions de postures, d'attitudes, de réflexions, de pratiques managériales, etc. Par exemple sur le 360°, les membres du groupe se sont posé des questions, se sont interpellés, ont confronté leurs opinions et leur avis, ce qui les a conduits à modifier leurs représentations du management. Cela génère des évolutions et des changements qui ne sont pas liés à un outil ni à un support, mais au travail collectif, en réseau, à l'intelligence collective, au partage, à la capacité d'apprendre de l'autre, d'écouter. »

Les apports du réseau apprenant ne se limitent pas à ses seuls membres. L'ensemble de la direction des Achats en bénéficie. Un entrepreneur relate ainsi l'utilité de deux livrables sur la façon de traiter les dysfonctionnements entre les fournisseurs : « Ils sont mis en ligne sur notre Intranet. Ils nous servent opérationnellement dans notre relation avec les fournisseurs, mais surtout à piloter les prestations ou les travaux avec nos clients internes. » Ces apports dépassent même les frontières de l'entreprise : « J'ai utilisé ces deux livrables dans le cadre de l'animation que j'assure d'un réseau de correspondants achats des établissements. J'ai profité d'une réunion pour traiter du sujet des dysfonctionnements des fournisseurs. »

Les idées se diffusent par capillarité au sein de la direction. Un membre du Cair en donne un exemple : « Ce n'est pas tant l'affiche qui compte que l'échange autour de l'affiche. L'affiche permet de faire passer des messages : comment se comporter dans un bureau de quatre personnes, pourquoi il est important d'arriver à l'heure aux réunions... Ce qui est intéressant, c'est le débat que suscite l'affiche. C'est l'occasion, par exemple, de faire remarquer à quelqu'un qu'il est arrivé trois fois en retard aux réunions au cours de la semaine et que ce n'est pas très respectueux pour celui qui les organise. Voici aussi ce que cela produit. Cela permet de modifier notre façon de fonctionner ; nous nous interrogeons au travail entre pairs. »

Troisième étape : voler de ses propres ailes après le départ du « patron »

Le départ du directeur des Achats, Pierre Pelouzet, pose la question de la survie du réseau apprenant. Pour certains, les mentalités et les postures sont inscrites dans une dynamique de changement, si bien que l'esprit du réseau apprenant peut être porté par ses membres et survivre au départ du « patron ». « Pour moi, dit un membre du Cair, le pari est gagné dès l'instant où il n'y a plus de portage, plus de plénière ou autre, en d'autres termes si les personnes continuent à fonctionner dans une logique d'intelligence collective, de partage, d'expérimentation ou encore de benchmark. Si les équipes fonctionnent comme cela, il n'est pas nécessaire d'institutionnaliser quoi que ce soit. Si c'est un réflexe quotidien, si l'on travaille en intelligence collective parce qu'on est une équipe, qu'on se réunit, qu'on partage, qu'on confronte nos idées et qu'on expérimente, selon moi c'est suffisant. »

À ce stade, le réseau a déjà produit ses effets. Sa vivacité, son énergie et sa longévité assez exceptionnelle (il a fêté ses cinq ans à l'automne 2013) sont le gage d'une réussite ancrée dans le temps.

Un nouveau directeur, Stefan Burkle, prend ses fonctions à la tête des Achats. Le directeur des Ressources humaines des Achats Xavier Lacaze, qui a pris part au réseau apprenant dès 2008 lui en présente le fonctionnement et l'évolution : « Le réseau apprenant, plus que d'en parler, c'est de le vivre qui compte » observe-t-il.

Le DRH est un acteur particulier qui, à la manière d'un sociologue, observe de l'intérieur les évolutions sociales d'une vie en collectivité. Il constate que les comportements, les mentalités et les attitudes ont changé, que les modes de travail et de fonctionnement sont imprégnés du travail en réseau. Le turnover qui a eu cours dans le réseau a permis à un grand nombre de collaborateurs de travailler tout à la fois sur l'individu et sur le collectif, ce dont découlent des transformations au niveau organisationnel.

Le DRH joue un rôle d'impulsion. Il doit créer des conditions favorables à l'expression de l'esprit d'entreprendre, d'une culture de la responsabilisation où chacun, par son action, devient acteur des projets collectifs de développement. Agir aujourd'hui en pensant demain, c'est aussi le rôle de prospective et d'anticipation qu'assure un réseau apprenant.

L'existence du réseau apprenant est importante, mais l'essentiel – et le nouveau directeur en convient – est que la posture et les réflexes qu'il a instaurés soient inscrits dans le quotidien, dans les actes d'achat courants. Et ils sont légion : partage, expérimentation, travail en groupe, écoute de soi et des autres, aptitude à faire des propositions, décloisonnement, création de clubs, benchmark...

Le nouveau directeur des Achats est conscient de la richesse que représente cet esprit de réseau apprenant au regard de la capacité à créer du lien, à innover, à donner confiance et à partager les meilleures pratiques. Il a déjà participé à deux regroupements. Outre les réalisations concrètes du réseau, il a aussi senti l'énergie qui s'en dégageait.

Grâce à un nouveau programme dénommé ImpulsiA, il entend poursuivre, sous une forme à définir, les apports du travail en réseau apprenant. Des espaces et des moments devront être offerts pour continuer à faire évoluer le métier en permanence. Car l'acheteur n'est pas un expert renfermé sur lui-même mais un acteur ouvert sur le monde – tout comme la SNCF s'ouvre de plus en plus à des parties prenantes exigeantes et multiples : fournisseurs, partenaires, salariés, État, régions, concurrents.

Seul un travail permettant de questionner les processus, de sortir du cadre habituel, d'adopter un nouveau regard et de penser différemment donnera des résultats en termes de performance globale. Telle est l'ambition que Stefan Burkle compte mettre en œuvre grâce aux modes d'apprentissage que le réseau entr'apprenant a semés.

Les réseaux L, A, J et Management de Paris Saint-Lazare

L'histoire du réseau apprenant de la direction des lignes Transilien* L, A, J de la région Paris Saint-Lazare commence en septembre 2008 avec l'arrivée d'un nouveau directeur, Guillaume Ancel. Venant de l'extérieur – c'est un ancien militaire –, il n'a pas de grande connaissance du milieu ferroviaire. Il entreprend son immersion à la SNCF en rencontrant divers interlocuteurs, dont Jean-Pierre Hureau, porteur des réseaux apprenants. Coïncidence, la direction Transilien initie à cette époque la démarche Vivre Transilien qui vise à mieux travailler en inter-métiers afin d'améliorer le service rendu aux clients. Elle fait suite à une étude sur les attentes des voyageurs dont sont ressortis des éléments tels que le confort, l'accueil, la sûreté, la régularité, les équipements en gare ou encore l'information.

Ces résultats interrogent les responsables de la région : il ne leur paraît pas envisageable de répondre aux attentes exprimées par les clients sans travailler de concert avec les différents métiers. En effet, l'organisation de la SNCF est de plus en plus cloisonnée, répondant à un pilotage par activité, et chaque directeur de ligne travaille en toute autonomie, déployant ses propres démarches indépendamment des autres : « Personne ne peut dire que nous travaillons bien en inter-métiers à la SNCF. Ce constat est tellement évident que nous sommes obligés d'améliorer la situation », témoigne un collaborateur.

Le lancement du réseau

Guillaume Ancel s'interroge sur l'opportunité de mettre en application une démarche de réseau apprenant pour travailler selon une nouvelle approche sur une partie du projet Vivre Transilien. Ayant peu de retours sur le fonctionnement des réseaux apprenants, il préfère mener une expérimentation dans un premier temps et réaliser un premier bilan après une année de fonctionnement. Il mobilise alors des forces vives dans la direction. Karima Hocine, à l'époque certificatrice de ligne, est enrôlée. Elle prend contact avec Pierre Giorgini, un ancien de France Télécom ayant lui-même développé de tels réseaux et alors consultant pour la SNCF.

Convaincre et mobiliser

Pour lancer le réseau apprenant, il faut recruter des bonnes volontés, et tout d'abord des animateurs. Guillaume Ancel sollicite à cet effet les Directeurs d'établissement (DET*). Karima Hocine, nommée facilitatrice, a la lourde tâche d'organiser la première réunion des animateurs. Elle se trouve face à des « volontaires désignés » guère satisfaits de faire partie de l'aventure : « On ne va tout de même pas nous apprendre à travailler ! » Il va falloir les convaincre. Or, il ne faut pas compter sur les membres du Codir de la région pour motiver les troupes. Eux aussi sont perplexes quant à l'intérêt de cette nouvelle démarche, une de plus au sein de l'entreprise. Mais ces obstacles ne sont pas insurmontables pour qui est persuadé du bien-fondé de la démarche. Karima Hocine s'attelle donc à la tâche, élargit le cercle des volontaires, leur transmet les principes fondateurs des réseaux apprenants, mobilise les indécis.

Tant bien que mal, le réseau apprenant est lancé en octobre 2008 sous l'appellation Vivre Transilien. Les sept thèmes du projet initial du même nom sont discutés lors de la première réunion :

- la ponctualité ;

- l'accueil ;

- l'information des voyageurs ;

- le confort et la propreté ;

- l'intermodalité ;

- l'équipement ;

- la tranquillité.

Quatre d'entre eux sont retenus pour être travaillés en réseau apprenant, tandis que les trois autres feront l'objet de groupes de projet classiques. Quatre groupes sont donc constitués, aidés chacun par deux animateurs.

Les ambitions du réseau apprenant sont très rapidement affichées. Comme le précise un document interne, il s'agit de « fédérer les différents métiers de la SNCF grâce à la construction collective de solutions pour améliorer notre efficacité. C'est aussi l'ambition de simplifier les relations entre le management et les agents, en faisant évoluer les pratiques et les comportements, et partager les mêmes problématiques, à tous les niveaux de l'entreprise. C'est enfin l'ambition de donner plus d'autonomie, de confiance et de sens au travail de chacun au quotidien ».

Toutefois, la mobilisation des membres ne se fait pas sans difficulté. Les animateurs n'ont pas eu le choix, explique un membre du réseau. Pour les participants en revanche, c'était un peu différent. J'ai laissé partir ceux qui n'étaient pas convaincus, sans prévenir leur chef qu'ils avaient décidé de quitter le groupe. Et j'ai cherché d'autres volontaires, des vrais volontaires. Plus cela avançait, plus je me suis interrogé sur les freins qui faisaient que le réseau ne marchait pas. Une raison évidente m'est apparue : les managers n'étaient pas impliqués, ils n'y croyaient pas, voire ils dévalorisaient la démarche. »

Aussi était-il nécessaire de mener un travail de fond d'explication à l'égard des DET : qu'est-ce qu'un réseau apprenant ? Quel en est l'intérêt ? Quels bénéfices peut-on en retirer ? Pour mobiliser les troupes, tout autant les managers que les collaborateurs et les membres du Codir, les actions de sensibilisation ne semblaient pas suffisantes.

Karima Hocine et Guillaume Ancel s'interrogent même sur la légitimité de la démarche. Il leur paraît évident que l'implication du directeur de région, Roland Bonnepart, est la clé de la réussite. Reste à le convaincre. Un séminaire réunissant les cinq cents top managers de la SNCF au Stade de France en février 2009 marque un tournant. Thierry Raynard, collaborateur de Jean-Pierre Hureau, y organise une conférence et deux ateliers sur le thème « Des clés pour gérer la complexité ». Dans l'un des ateliers, les managers rencontrent Yves Morieux, de Boston Consulting Group. Tous deux passionnés de mathématiques, Roland Bonnepart et Yves Morieux remplissent des pages d'équations illustrant les coopérations produites par les réseaux apprenants.

Désormais convaincu de l'intérêt de la démarche, le directeur de région entreprend un travail de lobbying. Il encourage ses directeurs à promouvoir les réseaux apprenants et à adopter un comportement exemplaire à cet égard. « L'exemplarité est un élément très important, explique un membre du réseau. L'exemplarité de l'accompagnateur évidemment, mais aussi et surtout celle des patrons. Il faut jouer un rôle de coach, pour qu'un patron ne fasse pas le contraire de ce que nous disons ou des valeurs que nous défendons. Cela crée de la proximité. C'est une très bonne chose, et cela ébranle les préjugés sur les directeurs ou les cadres supérieurs. »

Les managers ne sont pas les seuls qu'il est difficile de convaincre. L'organisation cloisonnée de la SNCF, qui sépare notamment les activités commerciales de celles qui sont liées à l'infrastructure des lignes, oblige à redoubler d'efforts pour persuader tous les acteurs du service au client. Si la mobilisation des membres de l'établissement commercial est relativement complexe, celle des collaborateurs des établissements techniques l'est encore plus. Non seulement les managers ne sont pas enclins à leur libérer du temps pour participer au réseau apprenant, mais encore les techniciens sont réticents vis-à-vis de la démarche. « Les techniciens sont enfermés dans leurs sujets techniques, relate un participant. Il n'est pas évident pour eux de s'ouvrir à autre chose. J'ai quand même réussi à faire adhérer un collègue qui a notamment travaillé sur les radios pilotées et sur les montres. Mais ce n'est pas facile. Ils ne se sentent pas forcément à l'aise dans ce type de groupe. »

Pourtant, il est impensable que ces professionnels ne participent pas au réseau apprenant, étant eux aussi concernés par la relation client. Car l'objectif est bien que l'ensemble des acteurs de la chaîne de service adopte une vision commune et fédératrice des attentes des clients au regard des sept axes de travail.

Organisation et fonctionnement du réseau apprenant

Le rôle de facilitateur

Karima Hocine s'est consacrée presque à plein temps à sa mission de facilitatrice durant la première année. Il fallait trouver des volontaires ainsi que des experts spécialisés dans les différents thèmes de travail, accompagner les groupes, former et responsabiliser les animateurs. Et, s'il existe des métarègles de fonctionnement des réseaux apprenants (voir l'étude de cas du réseau SynergiA), elles sont suffisamment souples pour laisser à chacun la possibilité de construire son rôle et de trouver sa place au sein de la démarche.

Une fois le relais des animateurs consolidé, Karima Hocine peut se concentrer sur le développement du réseau apprenant et œuvrer à le faire connaître de l'ensemble des personnels de la direction. Conscient de l'importance de son rôle de facilitatrice, son directeur donne à Karima Hocine les moyens de s'engager dans cette mission : du temps ainsi qu'un budget pour organiser les formations et les réunions, ou encore élaborer des outils de communication.

Le comité d'influence

Le comité d'influence du réseau, composé en majorité des membres du Codir, a pour mission d'accompagner et de guider (« d'influencer ») le travail des groupes, qui lui présentent régulièrement l'état d'avancement de leurs réflexions. Mais les membres du réseau jugent insuffisantes, pour expliquer leurs idées, les dix minutes qui leur sont accordées au cours des réunions du comité d'influence. Ils ont le sentiment que leur travail est dévalorisé et souffrent d'un manque de reconnaissance. Il est décidé de leur accorder quarante-cinq minutes de présentation. Malgré le lourd investissement que cela représente pour eux, les directeurs acceptent de se prêter à l'exercice.

Les animateurs

L'animation est également centrale dans la vie du réseau apprenant. Les animateurs doivent eux aussi apprendre à construire leur rôle. Élément très important, ils ont suivi une formation aux techniques d'animation avant le lancement du réseau. Avec l'expérience, Karima Hocine prend conscience qu'il serait néfaste pour l'engagement des animateurs de les enfermer dans un rôle prédéfini. Il est préférable de s'adapter à leurs attentes respectives. Elle leur explique que peu importe la position qu'ils adoptent, il leur faut avant tout être en mesure de libérer la parole au sein du groupe, ce qui suppose qu'ils gardent une certaine réserve : « Nous ne sommes pas là pour nous mettre en avant ou mettre en valeur nos idées, mais plutôt pour faire en sorte que les gens s'expriment. La démarche est vraiment faite pour que les personnes changent de posture. L'objectif est qu'elles arrêtent d'avoir des préjugés et des jugements de valeur sur les autres » observe l'un d'entre eux.

Un an après : premier bilan

C'est ainsi que le réseau apprenant continue à progresser durant l'année 2009. Les ateliers L, A, J du 10 novembre 2009 qui réunissent les membres du réseau et des invités, soit plus de 250 personnes, sont l'occasion de dresser un premier bilan. Un an après le lancement du réseau apprenant, tous les groupes de travail reconnaissent avoir avancé dans leurs réflexions, même si les résultats sont plus mitigés pour certains. Voici les principales avancées issues du réseau :

- La ponctualité

   Une analyse hebdomadaire de régularité est mise en place. Des agents volontaires sont identifiés pour dispenser des informations précises aux ateliers de maintenance.

- L'accueil

  Les agents des gares et des trains travaillent ensemble pour accueillir les clients, avec à la clé une charte d'accueil mixte.

- L'information des voyageurs

  La mise en place de « bornes info-trafic » en cas de perturbation est prévue. L'engagement est pris de communiquer aux clients des explications sur la nature des événements occasionnant des retards importants dans les vingt-quatre heures qui suivent l'incident.

- Le confort

  Certaines gares de la ligne seront fleuries, et des diffuseurs de parfum seront installés.

- L'intermodalité

  Les agents sont formés à cette problématique.

- Les équipements

  Une « carte-mémo » recensant les numéros à composer en fonction de l'équipement en panne est instaurée. Un annuaire des gares est diffusé aux prestataires de services internes et externes.

- La tranquillité

  Un dépliant sur les incivilités est élaboré.

Toutes ces réalisations sont présentées aux invités sur des stands, pour favoriser la discussion. Cette journée est aussi l'occasion pour des dirigeants de faire passer des messages sur le réseau apprenant. Jean-Pierre Farandou, alors directeur de SNCF Proximité, met ainsi l'accent sur la transformation des modes de fonctionnement et des mentalités, tandis que Roland Bonnepart insiste sur l'évolution de la culture et des façons de faire, y compris de la part des dirigeants, les premiers concernés. Bénédicte Tilloy, à l'époque directrice déléguée nationale au Management et à la Qualité, souligne quant à elle que le réseau apprenant « est une manière de faire bouger les lignes lorsqu'on est rebelle mais que l'on veut rester loyal ».

L'après-midi est consacré à des travaux de groupe. De l'un d'entre eux émerge l'idée de créer une bande dessinée pour mettre en image le fonctionnement et l'état d'esprit des réseaux apprenants. Ainsi naît le *Petit Manuel illustré du travail en réseau*. Conçu comme un outil péda-gogique, il permet aux membres comme aux autres, quelle que soit leur fonction, de réfléchir à l'importance du travail en réseau. Le Codir est plutôt dubitatif quant au projet de bande dessinée, mais laisse faire le groupe. Il juge finalement le résultat très intéressant et pédagogique, et accepte de diffuser largement le manuel, y compris dans les autres réseaux apprenants de l'entreprise. Est également mis en place un site Internet Vivre Transilien L, A, J visant à faciliter les échanges inter-mé-tiers et le travail au quotidien en dispensant des informations *via* un canal unique. Plus large que le réseau, cet espace virtuel permet aussi à chacun de s'informer sur les opérations conduites par la direction.

Enfin, cette journée témoigne de la convivialité qui caractérise le réseau apprenant, élément essentiel pour recruter de nouveaux membres. « Pour que la démarche fonctionne, il faut créer de la convivialité, c'est fondamental » reconnaît un membre. Plus que de signer la fin du réseau, cet événement marque son renouveau en présentant les projets à venir.

Le renouveau du réseau : une deuxième vie

S'ouvre alors une deuxième étape pour le réseau apprenant, qui s'inscrit dans la continuité des débuts tout en s'ouvrant à la nou-veauté et en manifestant une capacité d'évoluer. Il est même décidé de lancer deux réseaux apprenants. En effet, Karima Hocine et Guillaume Ancel jugent pertinent de constituer un réseau dédié aux seules problématiques des managers, dont la mobilisation fait encore défaut. L'intérêt serait double : non seulement d'impliquer les managers dans la démarche en la leur faisant vivre – car on ne per-çoit véritablement l'intérêt d'un réseau qu'en y prenant part –, mais encore de les inciter à travailler ensemble sur des sujets transverses qui les concernent directement.

Naissance du réseau Management

Tirant parti des enseignements du réseau initial, Karima Hocine décide d'impliquer davantage la ligne managériale, les DET, dans la démarche. L'enjeu est également de légitimer le réseau aux yeux des directeurs, élément qui n'est pas sans importance pour les membres du réseau apprenant eux-mêmes. Quoi de plus efficace, pour convaincre les directeurs, que de s'appuyer sur des témoignages ? Plusieurs membres du réseau sont ainsi invités à expliquer les raisons de leur engagement dans le réseau, ce qu'ils en ont retiré pour eux-mêmes et pour leur service.

Pour identifier les thèmes de travail de ce nouveau réseau Management, Karima Hocine organise un world café. Prenant acte du regret qu'avaient émis les membres du premier réseau de s'être vus imposer des thèmes par la direction, elle décide de faire réfléchir collectivement les participants aux thématiques méritant d'être traitées. Puis, par groupes de quatre, ils partagent leurs préoccupations et proposent des sujets de réflexion et d'expérimentation.

Lors d'un séminaire réunissant l'ensemble des managers intermédiaires le 22 janvier 2010, cinq grandes thématiques sont retenues parmi la liste des sujets issue de la réflexion collective :

- gagner en disponibilité ;

- renforcer les leviers RH ;

- mieux diffuser et exploiter les pratiques efficaces ;

- valoriser pour mieux mobiliser collectivement ;

- mieux communiquer vers l'externe pour valoriser les actions.

Chaque volontaire peut choisir son groupe de travail. Les nouveaux animateurs sont formés quelques semaines plus tard.

Les enseignements passés conduisent Karima Hocine à proposer une nouvelle composition du comité d'influence qui, pour témoigner de son implication dans le suivi et la réalisation des expérimentations, s'appelle désormais Comité d'influence, d'engagement et de capitalisation. Il est majoritairement composé de DET, ces derniers ayant manifesté en nombre leur souhait de s'impliquer dans ce nouveau réseau apprenant.

Création du réseau Attentes clients

Deux mois plus tard, le 29 mars 2010, c'est au tour du réseau apprenant Attentes clients d'être activé, dans la continuité de la deuxième version de Vivre Transilien. Plus opérationnel que le réseau Management, il reprend les sept thèmes déjà identifiés au regard des attentes clients et, sur cette base, définit de nouveaux axes de travail. Un comité d'influence plus large que le précédent est constitué, regroupant cette fois des experts de niveaux de responsabilité divers, en mesure d'orienter et de faciliter le travail des groupes et des DET.

Point d'étape

En décembre 2010, le séminaire inter-réseaux constitue un premier point d'étape. Les deux réseaux apprenants se retrouvent pour discuter de leurs avancées. Karima Hocine organise un jeu de rôles où les groupes Attentes clients font office de comité d'influence auprès des groupes Management.

Une affiche regroupant les membres du réseau Management est présentée, de même qu'un film consacré aux outils de communication du réseau apprenant. Ce dernier a été élaboré sur la base des réponses au questionnaire qu'a adressé Karima Hocine aux membres des deux réseaux, les interrogeant sur les bonnes pratiques et les dysfonctionnements. Une parodie de réseau apprenant est même réalisée, le « SAV des réseaux ». Ce film rencontre un grand succès, même auprès des directeurs.

La troisième vie du réseau

La vie du réseau apprenant se poursuit. À la demande des membres, qui deviennent ainsi forces de proposition, de nouveaux thèmes sont introduits :

- pour le réseau Attentes clients : la gestion de la plate-forme en situation perturbée ;
- pour le réseau Management : mieux accueillir la diversité et en faire une force.

Parallèlement, les groupes continuent à proposer de nouvelles actions autour des anciens thèmes. C'est le propre du réseau apprenant que de se renouveler en tirant parti des enseignements passés, mais aussi en intégrant les contraintes émergentes et les enjeux à venir.

Le début de l'année 2012 est marqué par le changement de nom du réseau Attentes clients, qui devient « réseau apprenant des lignes L, A, J ». Il était en effet devenu important d'identifier les lignes concernées par la démarche. La direction, qui souhaite gagner en visibilité auprès de ses clients, prend d'ailleurs elle aussi une nouvelle dénomination.

Il reste à choisir de nouveaux thèmes de travail. Si les agents avaient souhaité choisir les sujets à traiter dans la deuxième version du réseau apprenant, ils regrettaient cependant que l'intérêt manifesté par les DET pour ces thèmes n'ait pas été à la hauteur de leurs espérances. De leur côté, les DET voulaient être davantage impliqués dans la vie du réseau apprenant.

Il est donc décidé que, pour cette troisième version du réseau, les thèmes de travail seraient choisis par les DET, qui deviendraient sponsors des sujets qui les intéresseraient. Pour les membres, c'est également un moyen de légitimer leur implication dans le réseau.

Sept nouveaux thèmes sont ainsi définis par l'équipe de direction et les DET :

* la gestion de flux et de parcours fluides ;

* l'exploitation en zone dense ;

* la mobilisation des cheminots comme source d'information et/ou d'assistance ;

* l'identification de solutions nouvelles pour améliorer la propreté des abords des voies ;

* les pistes et itinéraires ;

* l'assistance étape 2 ;

* les postures clients et sûreté.

Les groupes commencent à y travailler début janvier.

Karima Hocine se consacre à l'animation du réseau apprenant Management, tandis que Sabrina Hay prend le relais de l'animation du réseau L, A, J. L'organisation de celui-ci évolue vers plus de simplicité. Son comité d'influence, qui regroupe l'ensemble des DET de la région Paris Saint-Lazare, est présidé par le directeur des lignes L, A, J, Olivier Devaux. Cette direction a la volonté de s'impliquer dans le réseau en travaillant aux côtés des volontaires et en suivant de près leurs travaux. Ainsi consacre-t-elle systématiquement un temps à l'activité des réseaux lors de sa réunion mensuelle. Le fonctionnement du comité d'influence y gagne en souplesse, car il ne se réunit que lorsque l'ensemble des groupes a avancé dans ses réflexions et ses expérimentations.

En parallèle, le réseau apprenant Management, présidé par Roland Bonnepart, poursuit ses travaux et produit des expérimentations et des actions, parmi lesquelles :

- une charte de bonne conduite des réunions ;

- des formations pour aider les DPX* (Dirigeants de proximité) à mener des entretiens au retour des agents après un arrêt pour longue maladie ;

- des organigrammes mis à jour pour faciliter les échanges entre les établissements ;

- des rencontres pour favoriser les échanges entre les agents et les managers ;

- un réseau de capteurs d'informations pour centraliser et partager les données.

Bienfaits et conditions de réussite du réseau

Ces évolutions n'entravent pas l'implication des membres ni leur intérêt pour le réseau apprenant. Certains en sortent, d'autres le rejoignent, mais tous en tirent une riche expérience et ceci pour plusieurs raisons qu'illustrent les témoignages de plusieurs membres :

- La capacité des membres du réseau apprenant à prendre des initiatives

> *La réussite du réseau apprenant ne se traduit pas tant dans ses résultats que dans le fait que ses membres, de retour dans leur service ou leur département, parlent différemment à leur chef, arrivent à faire passer des idées au quotidien – en d'autres termes, travaillent autrement. C'est là qu'est le véritable objectif du réseau apprenant.*

- La capacité du réseau apprenant à lever les barrières, pour adopter un mode de fonctionnement plus fluide :

> *Le réseau n'est pas une démarche identifiée au regard d'un règlement ou d'une procédure. Il repose sur la seule volonté d'avancer et de réussir, sur l'implication de chacun. On se lance, on ne se pose pas de question, il n'y a pas de barrières – ou en tout cas, il y en a moins. [...] L'apprenance est un vecteur de progrès, grâce au fait de travailler en collectif et de suivre une approche nécessairement multi-métiers. C'est un outil de développement intermédiaire pour s'ouvrir à des sujets différents.*

- La capacité du réseau apprenant à favoriser le fonctionnement transversal et le tissage de liens entre les métiers, pour gagner une meilleure connaissance de l'entreprise :

> *Le fait d'avoir rencontré des personnes d'autres métiers me permet maintenant d'avoir des interlocuteurs directs quand le besoin s'en fait sentir, surtout en cas de perturbations. [...] Les réseaux sont pour moi le moyen idéal de mieux connaître la SNCF. [...] Le réseau facilite le travail quotidien en ouvrant les portes et en faisant mieux connaître l'activité de tous les autres ; c'est un gain professionnel.*

- La capacité du réseau apprenant à produire des résultats :

> *Ce sont des petites choses, nous n'avons rien inventé de particulier, mais nous sommes allés jusqu'au bout. Notre volonté, avec mon collègue animateur, était vraiment de mener les actions à leur terme. Ainsi, quand le groupe s'est arrêté, cela n'a pas été frustrant : nous avions l'impression d'être allés au bout du travail. [...] Cela me fait plaisir qu'une idée venant d'un agent d'exécution soit reconnue et appliquée.*

Les membres identifient également un certain nombre de conditions nécessaires au bon fonctionnement du réseau apprenant.

- Préserver le caractère a-hiérarchique des groupes, malgré les difficultés :

> *Le réseau doit être a-hiérarchique et trans-établissements, pour pouvoir s'ouvrir à toutes les idées et dépasser une éventuelle méfiance vis-à-vis de la hiérarchie.*

> *[...] Au début, on fait plus attention à la hiérarchie présente au sein des groupes de travail. Automatiquement, quand il y a des chefs, on se positionne presque naturellement vis-à-vis d'eux. Même si on se dit que chaque voix compte, on reste dans un mode de fonctionnement traditionnel. Mais progressivement, ce mode relationnel disparaît et les discussions deviennent plus ouvertes.*

- Diffuser le travail des groupes pour légitimer le réseau apprenant et étendre ses effets :

> *L'appropriation des sujets par les acteurs assure une meilleure diffusion, par capillarité. [...] Cela permet de lever l'image selon laquelle le réseau apprenant est une nébuleuse floue, dont on se demande à quoi elle sert. [...] Pour les acteurs, il est important de se faire connaître, car il y a peu de visibilité des réseaux vis-à-vis des autres personnes de l'entreprise. [...] Les managers intermédiaires ont souvent une vision négative du réseau : on vous paie à ne rien faire. C'est pour cela qu'il est important pour les membres du réseau de produire quelque chose. C'est un moyen de justifier leur implication. Porter des valeurs, cela ne suffit pas toujours !*

- Positionner les managers comme des aidants et non comme une contrainte :

> *Il convient de lever quelques obstacles psychologiques, ou plutôt culturels, qui tiennent au fait que le réseau est un peu déstabilisant pour les managers intermédiaires. Il est important pour eux que la direction valide la méthode mais surtout l'ambition. Ils sont des bons managers parce qu'ils laissent les réseaux fonctionner. [...] Le rapprochement hiérarchique a un aspect sympathique. Ce n'est pas le chef qui connaît la solution, elle vient du terrain, on apprend ensemble.*

Aujourd'hui, les réseaux apprenants Management et L, A, J sont toujours en activité. Certains membres le quittent, parfois déçus ou lassés, mais de nombreux volontaires manifestent l'envie d'y prendre part. Il est important qu'ils puissent s'investir dans cette démarche qui leur permet de travailler autrement.

L,A,J FLASH

N° 35 - 11 juin 2013

ÉTABLISSEMENT DE LIGNES TRANSILIEN L, A, J

GESTION DES FLUX EN GARE DE LA DÉFENSE
SORTEZ EN 2 TEMPS 3 MOUVEMENTS

La gare de La Défense est une véritable fourmilière. La gestion des flux y est particulièrement compliquée et s'y repérer est un véritable casse-tête...

UNE PREMIÈRE RÉPONSE À LA PROBLÉMATIQUE

Le groupe « Gestion des flux et parcours fluide » du réseau apprenant L, A, J, appuyé par les pôles services et communication, propose une première solution pour optimiser la répartition des flux de la zone SNCF vers l'extérieur en fonction de la destination du client.
Une opération d'orientation des voyageurs a lieu depuis ce matin en gare de La Défense.

L'objectif ? Faire gagner du temps aux clients en leur indiquant la sortie la plus appropriée et ainsi aider à désaturer le couloir central en créant un réflexe client pérenne.

LE DISPOSITIF À LA LOUPE

L'opération événementielle vient tout juste de débuter. Une signalétique indiquant les sorties a été installée hier aux endroits stratégiques de la gare, tels que les descentes d'escaliers, les abris de quais, etc.

En complément, des flyers, indiquant sur un plan simplifié de La Défense les principales tours et la sortie adéquate pour chacune, ont été distribués et le seront à nouveau mardi prochain pendant la pointe du matin à La Défense, Bécon-les-Bruyères, Saint-Cloud et Versailles Rive Droite.

Retrouvez le flyer sur l'intranet : http://elt-laj.sncf.fr/

Document d'information interne / ÉTABLISSEMENT DE LIGNES TRANSILIEN L, A, J / Pôle Communication

L, A, J Flash n° 35, 11 juin 2013

Le réseau apprenant Vit'Est de l'axe TGV Est

En février 2009, Jacques Mazars est nommé chef de projet de la création de l'axe TGV Est. À l'époque, la branche* Voyages souhaite être plus proche des établissements pour gagner en efficacité dans les domaines commerciaux, de production (notamment en matière de régularité[1]), des ressources humaines ou encore de pilotage économique. Dans ce cadre, la création d'un axe TGV pour le secteur Est doit permettre d'optimiser le service en plaçant dans les mêmes mains l'ensemble de la production TGV. Il s'agit de se rapprocher du client grâce à une structure responsable. Pour créer cet axe en parallèle de la ligne (essentiellement tournée vers la qualité), il faut mettre en place toutes les fonctions indispensables à l'activité : pilotage, production, ressources humaines, finance, etc. Il s'agit, en d'autres termes, de passer d'une logique centralisée à une conception décentralisée.

Premiers pas du futur réseau

Afin de préciser les besoins et de juger de la faisabilité du projet, Jacques Mazars rencontre les directeurs de région et l'ensemble de la ligne managériale, jusqu'au DPX/CTT*. Il leur fait partager sa vision des changements que le projet provoquerait à leur niveau, et leur propose d'être volontaires pour co-construire cet axe. Il a la

---

1. La régularité désigne le fait qu'un train parte et arrive à l'heure.

conviction profonde que seule une action collective permettra au projet de devenir réalité.

Les volontaires, soit un noyau dur de quinze à vingt personnes, se mettent au travail. La réflexion porte sur les process de production décentralisés, sachant que la gestion opérationnelle reste affectée à la branche Voyages. Rapidement, un premier constat s'impose : les personnes ne se connaissent pas entre régions, voire entre métiers.

Création d'un centre opérationnel d'axe

L'axe est créé en avril 2009, et Jacques Mazars en prend la direction en septembre. Le travail en groupe se poursuit. Un premier projet en émerge, le Centre opérationnel d'axe (COA), finalisé en septembre 2010. Rappelons qu'il existe alors un Centre national des opérations (CNO) qui reçoit, délivre et centralise les informations sur la circulation des trains afin d'en assurer la supervision. Il veille au bon déroulement des voyages et prend en charge à tout moment les passagers en cas de perturbation. Le futur COA reprendrait les fonctions du CNO, à la différence près qu'il serait géré au niveau de l'axe et non à l'échelle nationale, de sorte que la communication soit plus rapide et efficace. La force et l'influence du groupe de travail permettent d'assurer cette mutation. Notons que ce modèle de COA est en cours de développement pour tous les axes, sous l'appellation de Centre opérationnel et des services (COS).

Travailler la communication auprès des voyageurs

Le noyau dur comprend initialement du personnel des activités de Traction (c'est-à-dire tous les collaborateurs concernés par la conduite des trains) et de Contrôle des trains.

Jacques Mazars reste marqué par un projet phare, le recours au *storytelling* pour gérer des situations d'urgence dans la relation entre le client et le contrôleur (ou Agent du service commercial trains, ASCT*). Le principe est de communiquer auprès des passagers, quand une situation anormale se présente, en leur racontant l'histoire des événements qui se déroulent. Ce projet a été récompensé par les Trophées du groupe SNCF. L'idée en était apparue un jour où, alors qu'un petit garçon faisait un malaise dans un train, le responsable avait régulièrement tenu informés les voyageurs de l'état de l'enfant. Ce mode de communication avait été très bien reçu.

Grâce aux actions entreprises en ce sens, la satisfaction des voyageurs quant à l'information qui leur est dispensée lors de situations perturbées est passée de 52 à 60 %, avant de se stabiliser.

Jacques Mazars souhaitait développer un réseau autour du *storytelling* pour démontrer son utilité aux contrôleurs. Dans les faits, il en a été autrement – preuve que c'est toujours le réseau apprenant qui choisit lui-même le chemin à parcourir.

Naissance de l'agenda des agents de conduite

Le groupe initial appelé à constituer le réseau apprenant est né d'un travail sur le contact à bord. Il vise à améliorer la relation client et la communication dans les trains, notamment entre le conducteur – c'est-à-dire l'Agent de conduite (ADC*) – et le contrôleur qui, même s'ils travaillent isolément, font partie d'un processus commun et doivent former une équipe.

Première réalisation du groupe, les fiches *L'ASCT et l'ADC établissent le contact*, présentées sous forme de chéquier, n'ont pas l'effet escompté. Le support n'est pas approprié, peu attrayant. Constatant le faible engouement qu'il suscite, Patrice Jacques, adjoint du Chef d'unité de production (CUP*), va à la rencontre des conducteurs pour recueillir leurs remarques sur les fiches et trouver une solution. Quel type de document seraient-ils disposés à remplir tous les jours et à garder en permanence ? Il y a bien un objet qu'ils ont toujours avec eux, et depuis toujours : un carnet noir ou un agenda où ils notent toutes les informations dont ils ont besoin (le numéro du train par exemple) et recensent leurs incidents. L'idée émerge alors : pourquoi ne pas intégrer la fiche à ce carnet, de telle sorte qu'elle se trouve toujours sur le pupitre des conducteurs ?

Le projet d'agenda est alors lancé. Ensemble, le groupe, toujours en liaison avec les conducteurs, expose, débat et décide des éléments à y faire apparaître ou non. Il réfléchit aux messages et aux informations sur lesquelles le conducteur et le contrôleur doivent échanger, et sur la meilleure façon de créer du lien. Il définit l'ensemble des points devant figurer dans la fiche, assurant ainsi la cohérence de cette démarche innovante commune, qui répond de front aux besoins des conducteurs et des clients. Un prototype est rapidement proposé aux conducteurs. Les managers ASCT se détachent progressivement du groupe.

L'une des forces du réseau apprenant réside dans sa capacité à impliquer des managers de terrain de différentes résidences (c'est-à-dire de différentes zones géographiques) dans la création d'une production commune. Non seulement ils sont mobilisés dans la démarche, mais encore ils y font adhérer plus facilement leurs agents.

Le prototype d'agenda circule durant une période de six mois, pendant et à l'issue de laquelle les conducteurs de TGV sont interrogés. Qu'en pensent-ils ? Le trouvent-ils utile, intéressant, attractif ? Ont-ils des idées pour le parfaire ? De quels numéros ont-ils besoin ? Afin d'identifier les informations utilisées par les conducteurs, leurs carnets noirs sont analysés. Toutes les données dont ils ont besoin, qui n'étaient auparavant centralisées nulle part, ont vocation à intégrer l'agenda. Le support est ainsi personnalisé et devient attractif aux yeux des conducteurs. La fiche pratique sur le contact bord/bord étant insérée dans l'agenda sous la forme d'un marque-page, les conducteurs ont naturellement accès à ses indications et sont incités à les suivre. Puis sont ajoutés d'autres renseignements tels que des plans de lignes de métro et de tramway. Une fois la trame finalisée, l'axe intervient pour financer le projet d'agenda.

Les retours des conducteurs sont très positifs, et l'agenda est industrialisé. Il est nécessaire de le développer à l'échelle nationale pour en réduire le coût. Deux mille exemplaires en sont tirés sous quatre formats différents, adaptés à chaque axe. Les conducteurs font montre d'une grande implication. L'un d'entre eux a même proposé, pour la couverture, un photomontage où un train relie les villes de Paris et Marseille. L'établissement Paris Rive Gauche a pour sa part suggéré le nom d'Agend'Axe.

Fin 2011, la gestion du projet passe dans les mains de SNCF Voyages, pour que l'outil poursuive son développement au niveau national. Aujourd'hui, l'agenda est déployé auprès de tous les conducteurs de TGV. Depuis 2013, le Transilien Paris Est en est également doté. « Cet agenda, nous n'y serions jamais parvenus si vite si nous avions dû le faire dans une structure classique » observe un membre du groupe. Et un conducteur de TGV Est d'ajouter : « L'agenda est toujours dans mon sac, c'est un outil de travail qui rend service. »

Premier agenda (2010) pour les conducteurs de TGV Est

L'uniforme des conducteurs de TGV EST

Mentionnons un autre projet porté par le groupe, ayant consisté à instaurer une tenue spécifique pour les conducteurs de TGV Est. En effet, si tous les contrôleurs portaient un uniforme, ce n'était pas le cas pour les conducteurs de trains. « L'intérêt de la tenue, c'est qu'on se reconnaît avec les contrôleurs » témoigne un conducteur de TGV Est.

La formalisation du réseau apprenant

Jusqu'à présent, le groupe constituait un réseau informel. Progressivement, les collaborateurs liés au contrôle des trains se sont retirés, et le groupe est devenu exclusivement consacré à l'activité Traction. C'est le signe que le réseau apprenant génère de l'envie, vecteur d'enrichissement tant au regard du nombre de membres que des contenus traités. Au-delà du noyau dur, un certain nombre de personnes gravitaient autour du réseau et ont exercé une influence qui a beaucoup aidé celui-ci.

En 2010, Pascal Freyermuth devient consultant interne pour l'axe TGV Est. Sur le conseil de la directrice des Ressources humaines

Nathalie Mauvieux et du directeur de l'Axe, il intègre le Club des explorateurs* et met un premier pied dans les réseaux apprenants. Parallèlement à cela, il intègre le réseau et devient son facilitateur. Il s'évertue à poursuivre le travail engagé.

À ce stade, le réseau apprenant ne se considère pas comme tel et n'en porte d'ailleurs pas le nom. Jacques Mazars et Pascal Freyermuth partagent la même vision des choses : il faut mettre fin à la logique « top-down », redonner la parole aux collaborateurs du terrain et leur permettre d'être autonomes. Ils souhaitent renouveler le réseau, alors très informel, pour le faire devenir apprenant : « Il faut être le plus possible en proximité, en appui, en écoute du terrain. Pour cela, le travail en réseau a une vertu extrêmement forte. » Le réseau apprenant trouve une nouvelle impulsion grâce à la volonté commune des deux hommes de le démocratiser et de lui donner de l'envergure, car il compte alors peu de membres et est insuffisamment diversifié. C'est pourquoi les trois composantes du métier Traction sont sollicitées pour le rejoindre :

- des membres de SNCF Voyages pour le volet clients ;

- un représentant du métier Traction ;

- des collaborateurs du terrain et de la production *via* les DPX/CTT et les DUO/CUP*.

Les managers de terrain sont sollicités avec l'accord des DET.

Le rôle du facilitateur

Le facilitateur a pour rôle de détecter, favoriser et protéger le réseau apprenant. Il est le gardien de l'ouverture d'un espace a-hiérarchique dans lequel les membres peuvent se retrouver. Il s'assure de la tenue de réunions, dont il veille au bon déroulement. Il garantit l'autonomie et la liberté de choix du réseau apprenant afin que les instances hiérarchiques pratiquent le « lâcher-prise » à l'égard de celui-ci. Il en va de sa pérennité.

En tant que facilitateur, Pascal Freyermuth a dispensé dans un premier temps des conseils aux deux CUP qui portaient le réseau apprenant, pour instaurer une ambiance décontractée, autoriser la liberté et le droit à l'erreur, faire en sorte que les membres se sentent libres de parler sans tabou. Dans un second temps, il s'est effacé. Les sujets abordés dans un réseau suscitent nécessairement des débats. Tous les membres ne partagent pas le même point de vue initial, et le consensus se construit à force de discussions – voire de confrontations – en s'appuyant sur des exemples. Il est donc nécessaire que tous les membres se sentent à l'aise et se respectent.

Esprit de l'axe, esprit du réseau

La mentalité de l'axe et du réseau apprenant, incarnée dès le début par son directeur, est la suivante : « Il faut être novateur, essayer et se tromper – ce qui n'est pas grave. » Le Codir a toujours été convaincu qu'il fallait créer une grande famille de l'axe TGV Est que chacun de ses membres, dans sa partie, aurait envie de contribuer à développer, de telle sorte que le TGV Est poursuive sur sa lancée. D'autant que, comme l'observe Pascal Freyermuth, « la confiance coûte toujours moins cher que le contrôle ! ». La naissance du réseau répond parfaitement à cet état d'esprit.

L'axe adopte en outre une approche expérimentale, sachant que le TGV Est a toujours été le laboratoire d'essais de la branche Voyages. De plus, le fonctionnement en réseau apprenant instaure une coopération doublée d'une agilité accrue, à l'opposé des communications formelles. Il s'agit d'interconnecter des collaborateurs de différentes régions pour les fédérer autour du produit TGV Est. Le réseau apprenant favorise des boucles de communication plus rapides, qui permettent de gagner en réactivité. « Le réseau est plus propice à de vrais changements. Il est complètement ouvert aux propositions tout en optimisant la possibilité d'avoir les moyens de les réaliser » explique Nathalie Mauvieux.

Les réalisations du réseau

Un « plan de vol » plus écologique

La première réunion du réseau avec son facilitateur a lieu en juin 2010. Le programme est élaboré naturellement, au gré des suggestions des membres. Parmi les sujets proposés figurent le suivi de l'Agend'Axe dans son développement national ainsi que la maîtrise de l'énergie. Les managers, conscients que la facture augmenterait bientôt, entendent en effet participer à l'effort entrepris par le

Groupe pour réduire la consommation d'énergie et les coûts associés, à régularité égale. Une question centrale se pose à cet égard : comment optimiser la vitesse des TGV pour ne pas freiner dans les descentes ? La consigne de base donnée aux conducteurs est de rouler à la vitesse maximale autorisée, en s'aidant d'un régulateur de vitesse. L'un d'entre eux détaille ce qu'il vit au quotidien : « Le conducteur est à 320 km/h. Juste avant d'aborder une pente, il sait que s'il coupe la traction (c'est-à-dire s'il se met au point mort) dans la descente, il prend 22 km/h. Or en bas de la pente, la vitesse est limitée à 300 km/h. Il doit donc arriver à cette vitesse et prendre en compte la prise de vitesse dans la pente, pour ne pas donner un gros coup de frein en bas. En anticipant cela, il économise sur les freins et sur le carburant, tout en étant à l'heure. »

La ligne TGV Est suit un tracé très irrégulier, composé d'une succession de rampes (montées) et de pentes, sorte de « montagne russe ». Elle est donc particulièrement concernée par ce sujet. « Nous pourrions économiser de 20 à 30 % en gardant le même horaire ! » estime un conducteur. Des sondages sont effectués auprès des conducteurs, *via* les CTT, pour mieux connaître le profil des différentes lignes. Jean-Marie Schickele, CTT de Strasbourg et membre de Vit'Est, élabore un parcours optimisé de conduite écologique assorti d'une représentation graphique. Ce « plan de vol » représente schématiquement les pentes et les rampes de la ligne et donne des indications sur les prises de vitesse dans les pentes. Ces graphiques sont principalement destinés aux nouveaux conducteurs de la ligne. À la suite de ces travaux, SNCF Voyages développe un algorithme avec l'aide d'un cabinet externe, permettant de répliquer cette optimisation sur toutes les lignes. Ainsi, les consignes de vitesse seront données automatiquement dans les pentes et les rampes. Les premiers tests doivent en être effectués à l'automne 2010 sur la ligne Paris-Strasbourg.

Il est estimé que le projet « plan de vol » permettrait de réaliser quelque 600 000 euros d'économies d'énergie de traction (3 % de la facture de l'époque, selon toute hypothèse) et un million d'euros d'économies en termes de maintenance du matériel du TGV Est.

Cependant, ce nouveau profil de conduite ne s'impose pas en toutes circonstances. Lorsqu'un train accuse un retard, son conducteur doit au contraire rouler aux vitesses limites pour retrouver son sillon et ne pas pénaliser les trains suivants. En effet, ceux-ci doivent eux aussi pouvoir être à l'heure et adopter une conduite économique. Il faut donc penser en termes de conduite économique au global, en tenant compte du facteur qu'est la régularité.

La messagerie Sirius

Le réseau a travaillé sur de nombreux autres projets. Il a par exemple servi de terrain d'expérimentation pour la messagerie Sirius. Son principe, élaboré à l'occasion du Train des idées d'avance[1], consiste à dématérialiser la fiche-train de conduite des conducteurs et à leur fournir une boîte de messagerie où ils puissent recevoir les informations importantes, afin qu'ils anticipent et gagnent en régularité : « En cas, par exemple, de limitation temporaire de vitesse due à une instabilité, c'est-à-dire à une fragilisation de la voie, le conducteur peut gagner quelques minutes avant cette zone, en anticipant le temps qu'il perdra à cet endroit-là. » Sur la base de cette première expérimentation, une nouvelle messagerie est actuellement en test sur le plan national et pour toutes les activités. Elle sera accessible sur tablettes numériques.

Comment éclot un projet ?

Le réseau apprenant compte vingt inscrits dont quinze membres actifs et présents aux réunions, par roulement. Comme il est de taille restreinte, chacun peut participer aux travaux de chaque thématique. Il y a donc un seul et unique groupe de travail. Les opportunités conduisent tel ou tel des collaborateurs à assurer la conduite d'un projet. Par ailleurs, le réseau apprenant compte un sponsor. Lorsque celui-ci souhaite émettre une demande, il la formule *via* un de ses agents, membre du réseau et de la direction.

Cependant, le fonctionnement et la poursuite du réseau apprenant ne vont pas de soi. C'est une démarche qui s'entretient. En quelque sorte, l'on a la preuve que le réseau est vivant lorsque ses membres emploient volontiers des phrases qui commencent par « et si l'on... ».

---

1. Le Train des idées d'avance est un *brainstorming* géant entre Paris et Marseille ayant réuni quelque trois cents cheminots. Sa première séance s'est déroulée les 18 et 19 décembre 2006.

Le déroulement qui permet de faire éclore un projet est le suivant. Tout commence par une période d'errance et de remise en cause des fondements, étape nécessaire à la mise en germe et à l'éclosion d'idées. Le groupe « tourne autour du pot » et se demande comment appréhender le problème. Plusieurs thèmes émergent, chacun porté par un ou plusieurs membres. Puis s'engagent des débats où chacun défend ses arguments, avant que tous finissent par s'accorder sur un thème. « Il y a eu beaucoup de débats, nous n'étions pas tous d'accord, c'était passionnel, mais au bout d'un moment nous sommes repartis de la source du problème et avons constaté qu'il n'y avait qu'une solution simple qui s'imposait » témoigne un membre.

Une fois le problème posé sur la table, le groupe peut passer à l'étape de création pure : partant d'une feuille blanche, il se lance, réinvente. Durant cette phase, la réflexion sort du cadre, « il n'y a plus de SNCF », tout est possible. Les idées fusent rapidement entre les membres, portées par une émulation forte. Et grâce à la diversité des métiers, la question de la faisabilité est résolue quasiment en direct, tant pour ce qui concerne le terrain que la réglementation ou d'autres points encore.

S'ensuit une phase de conception, où il s'agit par exemple d'élaborer des plans d'action, durant laquelle « c'est facile, chacun choisit une tâche selon les propositions ». Le facilitateur intervient alors en soutien afin de soulager les membres, notamment sur des questions de forme. Cependant, chaque projet est porté par l'ensemble du groupe.

Puis le projet est mis en œuvre, testé et amélioré. Une fois diffusé et normalisé, il faut le clore. C'est une phase difficile car, relate un participant, « on sort d'une période où l'on a donné de l'énergie et obtenu des satisfactions, où tout s'est bien passé. On défend même le projet lors de Trophées. Et puis on doit tourner la page, il y a ce moment de flottement, il faut se remettre dedans ! ». Mais ce temps de flottement est rapidement balayé par l'arrivée de nouvelles idées. Une fois le prochain sujet choisi, la mécanique se remet en marche.

Il arrive qu'un projet n'aboutisse pas, comme lorsque le réseau Vit'Est a suggéré des modifications sur des infrastructures, que des contraintes techniques ont empêché de réaliser. « Mais nous en avons retiré une meilleure connaissance des contraintes techniques de la branche Infrastructures » reconnaît un participant. D'autres fois, le projet n'est pas assez mature ; toutes les conditions nécessaires à sa réussite ne sont pas réunies.

Une fois un projet mené à bien, les membres ont le loisir, s'ils le souhaitent, de revenir sur des sujets qui ont été soulevés précédemment mais n'ont pas été retenus en leur temps. Tout dépend de l'actualité, car six mois ou un an plus tard, il se peut que le sujet ait perdu en pertinence au regard des nouveaux défis qui se présentent.

L'aboutissement des projets peut paraître long, et chacun représente une importante charge de travail pour les membres du réseau, en plus de leurs activités habituelles. Cependant, dit l'un d'entre eux, « cela a une plus-value directe ou indirecte à un moment donné. Ce travail a un lien direct avec la production, car si l'on satisfait les agents de conduite (comme avec l'agenda), le social s'en trouve amélioré. Par conséquent, cela se passe mieux dans les missions quotidiennes. D'autant que les actions menées facilitent le travail du conducteur et limitent ainsi les incidents de production. On réduit donc le problème à la source. Cela prend du temps de monter tout ça, mais par la suite nous y gagnons ».

Les hauts et les bas d'une vie de réseau

Tout réseau apprenant connaît des hauts et des bas, peut traverser des passages à vide. Ce fut le cas de notre réseau en 2012. En fin d'année 2011 en effet, deux DUO (CUP) moteurs l'ont quitté à la suite d'évolutions professionnelles. L'émulation du groupe s'en est trouvée entamée, d'autant plus que le réseau arrivait à cette époque au terme d'importants projets. Malgré un flottement « pendant une réunion et demie », de nombreux sujets se sont imposés, liés à l'activité mais mettant de côté le terrain. Or, relate un membre, « même si le réseau n'est pas vieux (il a trois ans seulement), nous en avons déjà une expérience. Nous avons pu voir où se situaient les écueils ».

À un moment donné, les membres du réseau se sont interrogés sur l'opportunité de mettre fin à la démarche : « Car si le réseau apprenant n'a plus d'utilité, il faut l'arrêter ; il a un début et une fin, quand il a rempli sa mission. » Néanmoins, tous se sont accordés à considérer que les projets à réaliser ne manquaient pas : « On ne lâche pas ! » Ils ont pris conscience, toutefois, que les sujets traités devenaient trop banals. Il fallait susciter un plus grand intérêt.

Depuis, tous les DPX et DUO sont systématiquement invités à rejoindre le groupe. L'appellation Vit'Est, apparue début 2012, a également contribué à donner une nouvelle impulsion au réseau apprenant, en réaffirmant l'identité de groupe. Celui-ci voulait un nom qui parle du TGV, de l'Est et de la vitesse. Chaque lettre a une signification :

- V comme voyages ;

- I comme innovation ;

- T comme traction ;

- E comme écoconduite ;

- S comme sécurité ;

- T comme TGV.

Le nom pérennise le réseau, lui donne une existence formelle dans l'entreprise et le différencie d'un groupe de travail classique. Ses membres sont autonomes, font des choix et « à la fin de la journée, il n'y a pas de rendu obligatoire, pas d'objectifs de résultats en soi ». La signature Vit'Est facilite la reconnaissance du réseau.

Ses membres, qui croient pleinement en la puissance de leur réseau, reconnaissent toutefois combien il est sensible. Son équilibre tient à peu de chose, et il peut très vite dysfonctionner. Par exemple, explique un membre, plus le réseau apprenant se montre intéressant et attractif, plus nombreux sont les collaborateurs, membres ou non, qui se disent : « Chic, voilà un groupe de personnes motivées avec un relais court sur le terrain, je veux leur transmettre un message. Parfois, cela donne lieu à des journées complètes d'exposition d'informations, cela perd son côté novateur. C'est à nouveau de l'information descendante, ce qui n'est pas le but du réseau. » Ces moments sont utiles pour donner des « coups d'avance » au réseau en lui réservant l'exclusivité de l'information, mais ils doivent être limités, pour laisser du temps aux échanges et au travail de fond : « D'ailleurs, les membres nous disent ensuite : "Là, vous nous avez un peu ennuyés", et il est bon que cela transparaisse. »

De même, si l'envie des membres s'estompait ou que les managers adoptaient une posture qui ne soit pas de nature à libérer la parole, le réseau ne pourrait plus fonctionner : « Le vrai risque est de tomber dans l'industrialisation du groupe apprenant » témoigne un participant.

Sans une volonté déterminée et un désir de faire avancer les choses, doublés d'une dynamique impulsée par la hiérarchie, le réseau apprenant n'est pas pleinement opérant. Gardons-nous toutefois d'y voir une solution absolue (« un truc fourre-tout ») pouvant être répliqué par tout groupe animé de motivation. Encore faut-il que celle-ci vise des bonnes raisons. Le réseau apprenant doit être cadré au minimum : où va-t-on, pourquoi ? N'oublions pas que cette démarche a pour but de créer et de développer des outils pour l'entreprise.

Si les membres viennent et reviennent dans le réseau, c'est donc pour s'exprimer, parce que les débats sont enrichissants et font évoluer leur façon d'envisager les choses. « C'est l'occasion, dit l'un d'entre eux, de côtoyer des collègues d'autres régions que nous n'avons pas l'occasion de voir habituellement, pour échanger et apprendre d'eux, tant sur la partie technique que sur la partie terrain, car ils sont tous des experts dans leur domaine. Il y a régulièrement des interventions de l'axe, c'est intéressant. Certains ont pu découvrir que les seules barrières qui existaient étaient celles que nous nous mettions, et que grâce à la force du groupe, il devenait possible de traiter des sujets qui paraissaient tabous. Ce qui fait la différence du réseau, c'est que les gens se reconnaissent dans le travail et que cela a du sens. De plus, ce sont ceux qui "font le boulot" qui conçoivent. De cette manière, les plans d'actions sont bien suivis sur le terrain et l'action du groupe est en phase avec le travail réel. » C'est d'ailleurs dans ce but que le réseau apprenant fait ponctuellement appel à des conducteurs pour recueillir leur avis, notamment *via* des questionnaires.

La convivialité des réunions est un point fort ; elle rend le contact plus facile, naturel et spontané entre les membres du groupe. Cela engendre finalement un gain de temps car, les productions étant en ligne directe avec le terrain, elles permettent de renforcer la performance dans la réactivité.

Une démarche dupliquée

Jacques Mazars quitte l'axe TGV Est en 2012 pour devenir directeur de la région Alsace. Lorsqu'on lui demande s'il reproduirait ailleurs la démarche, il répond par l'affirmative. En effet, il croit fermement au pouvoir du réseau apprenant. Pour l'illustrer, il cite la remarque d'un collaborateur qui avait piloté le COA : « J'ai plus progressé en deux ans et demi de réseau qu'en dix ans de carrière ! »

Avec l'aide d'un consultant interne membre du Club des explorateurs, Jacques Mazars développe d'ailleurs un réseau apprenant pour la région Alsace. Un certain nombre d'interrogations se présentent à lui : comment lancer le projet ? Quelles ambitions lui donner ? Quels objectifs lui fixer pour contribuer à ce que la direction régionale se voie à nouveau confier les TER en 2020 dans le cadre du marché concurrentiel des transports ferroviaires de voyageurs ? Comment utiliser au mieux le réseau apprenant ?

Jacques Mazars conçoit celui-ci comme un lieu de partage qui suscite la contribution maximale de ses membres afin qu'ils s'approprient les atouts et les risques des sujets en cours. Pour qu'un réseau apprenant fonctionne, estime-t-il, il doit viser un objectif autour duquel les membres se mobilisent et puissent co-construire avec des acteurs en inter-métiers. L'essentiel est de marier les compétences et les métiers avec des personnes qui ont envie de travailler ensemble.

Le directeur souligne également l'importance du lâcher-prise : une fois que les réseaux sont lancés, il faut accepter de s'en éloigner, sans vouloir les contrôler. Le réseau est par nature évolutif et mouvant : certains le rejoignent tandis que d'autres le quittent, certains membres n'en font pas une priorité tandis que d'autres s'y investissent totalement. Quoi qu'il en soit, affirme Jacques Mazars : « Nous ne gagnerons pas sans les agents du terrain (DPX/CTT, DUO/CUP). Ils peuvent nous apporter beaucoup, tant dans la compréhension des sujets et du contexte qu'en matière de contenu. Pour leur part, ces agents de terrain pourront grandir au sein du réseau sur des problématiques liées aux enjeux, à des questions stratégiques et économiques. »

Quelques résultats

Le TGV Est détient actuellement le meilleur niveau de satisfaction client. Il atteint 89 % en mars 2013 (situations normales et perturbées) pour une régularité (ponctualité) de 95,8 %. Outre la satisfaction de voir ses projets et ses produits aboutir, se développer, se diffuser et perdurer, le réseau apprenant Vit'Est a présenté deux dossiers aux Trophées de l'entreprise, l'un sur l'éco-conduite en 2011 et l'autre sur la messagerie Sirius en 2012. Il s'est en outre vu décerner des prix lors de l'événement Innov'actions organisé par l'axe, récompensant son action globale en 2012 et son projet de messagerie Sirius en 2013.

Par ailleurs, l'axe communique sur le réseau apprenant. Le sponsor du réseau Traction est régulièrement informé de ses avancées et de ses productions. De manière générale, pour tous les réseaux apprenants de l'axe, les informations de cette nature sont diffusées auprès des sponsors ainsi qu'à tous les membres du Codir, au directeur de la Communication, de même qu'elles sont relayées dans l'Intranet, dans le journal national et dans celui de d'équipe des DPX/CTT.

L'avenir du réseau

Manifestement, le fonctionnement en réseau apprenant fait des émules. L'expérience de Vit'Est a ainsi donné envie à des collaborateurs de créer leurs propres réseaux au sein de l'axe TGV Est, qui n'en compte désormais pas moins de quatre :

- Vit'Est ;

- le réseau des managers Escale (c'est-à-dire des gares), lancé en mai 2011 et qui recouvre les DU Escale de TGV Est ;

- le réseau des managers Trains (contrôleurs), initié en juin 2012 ;

- le réseau des responsables de la gestion-finance de l'axe, également initié en juin 2012.

En 2012, Joëlle Bravais prend la direction de l'axe Est et découvre, en même temps que son nouveau poste, le monde des réseaux. C'est Nathalie Mauvieux, la directrice des Ressources humaines de l'axe, qui lui relate l'expérience : l'axe a été créé pour intervenir en proximité, en animation et en appui, ce qui correspond justement aux missions d'un réseau apprenant. Aussi Joëlle Bravais considère-t-elle Vit'Est comme une partie intégrante de l'axe, les deux n'ayant d'ailleurs jamais vraiment vécu l'un sans l'autre – le réseau ayant d'abord été informel, puis officiellement institué. Vit'Est alimente la réflexion et les processus d'amélioration continue, contribuant ainsi à l'élaboration de la politique de l'axe. Il traduit la caractéristique de l'axe de n'être pas uniquement hiérarchique mais de favoriser une information ascendante. En d'autres termes, Vit'Est contribue pleinement à la vie de l'axe.

Joëlle Bravais voit dans le réseau apprenant l'occasion pour chacun « d'arrêter de travailler de son côté » et de prendre part à des projets concrets, sur le mode « on propose et on partage ». Le réseau apprenant autorise l'initiative individuelle ; c'est un espace de création et d'innovation. Deux types d'éléments en jaillissent : des résultats positifs – les idées, les projets innovants – mais aussi des douleurs. Néanmoins, l'action du réseau est plus dynamique et plus impliquante, car elle est portée par les premiers concernés. Le réseau est donc un accélérateur de projets. Il permet de gagner du temps, mais aussi de susciter une plus grande adhésion des managers et par conséquent des agents.

La directrice de l'axe Est entend encourager et appuyer cette démarche, prouver son utilité et valoriser les équipes pour lesquelles la participation au réseau apprenant représente un travail supplémentaire. Elle entend y être présente et participer occasionnellement à des réunions pour voir comment il fonctionne. « Il n'y a pas de danger avec le réseau apprenant, il ne peut apporter que du plus ! » affirme-t-elle.

Une réunion du réseau Vit'Est

Aujourd'hui les membres du réseau pensent déjà à leur prochaine réunion, fourbissent leurs idées, préparent les projets qu'ils souhaitent présenter, identifient des échos remontés du terrain qu'ils désirent partager... La machine Vit'Est est en marche et ne s'arrête pas !

Le réseau Coopération inter-métiers Haute-Normandie

Le réseau apprenant Coopération inter-métiers Haute-Normandie a été lancé dans le dessein de faire émerger les initiatives des agents en libérant la parole, en prônant l'ouverture et la curiosité et en créant des lieux d'expérimentation. Son mot d'ordre, le « lâcher-prise maîtrisé » qui favorise la connaissance réciproque et le développement de pratiques entre les métiers au sein de la région.

Quelle perception les membres ont-ils du réseau ?

L'enquête réalisée en juin 2013 auprès de soixante participants de ce réseau apprenant est riche d'enseignements sur le bon déroulement d'une telle démarche et sur la perception qu'en ont ses membres.

Ils sont 80 % à afficher un niveau de satisfaction très élevé. De façon générale, l'organisation de la communauté et des séances est jugée plutôt satisfaisante. À noter toutefois, le rythme des séances n'est pas aisé à déterminer, car il repose sur un équilibre complexe entre les temps d'échanges nécessaires au bon fonctionnement de la communauté et les plannings chargés des membres.

Aux dires des membres, les animateurs et le comité de soutien remplissent le rôle qui est attendu d'eux. Les échanges sont libres, et la coopération entre les membres est réelle. Les valeurs de la démarche et ses objectifs sont compris, assimilés et approuvés par les participants.

La plupart d'entre eux estiment que leur groupe a pu produire et expérimenter des solutions innovantes, répondant à des besoins. Ils regrettent, cependant, que ces solutions soient trop peu mises en pratique au quotidien. La démarche remplit son objectif de compréhension des métiers, du rôle de chacun et des interfaces, mais uniquement pour les membres qui ont pris l'habitude de coopérer entre métiers.

L'une des principales remontées de l'enquête est que la communauté doit désormais travailler son ouverture : elle doit se faire connaître et reconnaître par ceux qui ne participent pas au réseau. Il lui faut également repenser l'impact de ses réflexions sur le travail quotidien.

L'organisation du réseau

Tout comme les animateurs, les membres du réseau appartiennent à différents métiers et branches de l'entreprise (Vente, Escale, Matériel…). Ils proviennent de l'opérationnel comme du fonctionnel, et relèvent de différents niveaux hiérarchiques (DPX, DUO, DET…). Cette diversité est un premier pas vers la connaissance partagée des métiers, les échanges et la coopération.

Les groupes se réunissent à intervalles réguliers :

- tous les mois pour un quart des répondants ;

- tous les deux mois pour environ 44 % d'entre eux ;

- tous les trois mois pour environ 30 % d'entre eux.

Les membres sont 57 % à avoir participé à l'ensemble des réunions de leur groupe. À l'affirmation « par manque de temps, il est difficile de participer aux réunions et aux plates-formes », 93 % répondent qu'ils sont d'accord ou tout à fait d'accord, et aucun ne se déclare en désaccord. Lorsqu'ils manquent une réunion, c'est parce qu'ils donnent la priorité à d'autres projets que le réseau apprenant. Un seul participant indique que sa participation aux réunions est compromise par les réticences de son manager à lui libérer du temps. Par ailleurs, 57 % des répondants estiment que la surcharge de travail générée par la démarche a été compensée par ce qu'elle leur a apporté.

Pour 79 % des personnes interrogées, un réseau apprenant ne peut pas fonctionner sans animateur. Ils sont 70 % à estimer que l'animateur du réseau apprenant Haute-Normandie a bien rempli son rôle, et ceci à différents égards :

- en organisant les réunions du groupe et en s'en faisant le porte-parole vis-à-vis du comité de soutien ;

- en animant la discussion au cours des réunions ;

- en répartissant le temps de parole entre les participants ;

- en prenant part aux discussions du groupe ;

- en aidant les membres à co-construire.

C'est d'ailleurs dans sa capacité à favoriser la co-construction que les membres voient le rôle principal de l'animateur. Pour ce faire, il doit animer la discussion de sorte que chacun puisse prendre la parole, en faisant respecter les principes de bienveillance et d'écoute. Il ne doit intervenir qu'au bon moment pour soumettre des interrogations, sans apporter son point de vue. Très rares sont les répondants à estimer que l'animateur a pour rôle de prendre part aux discussions du groupe. Soulignons enfin que l'animateur apporte un soutien pratique et logistique, puisqu'il assure l'organisation des temps de réunion.

Échanges et partage au sein du réseau

Les participants du réseau déclarent à 80 % avoir souvent ou toujours pu échanger librement avec les membres du groupe.

J'ai pu échanger librement avec les membres du groupe

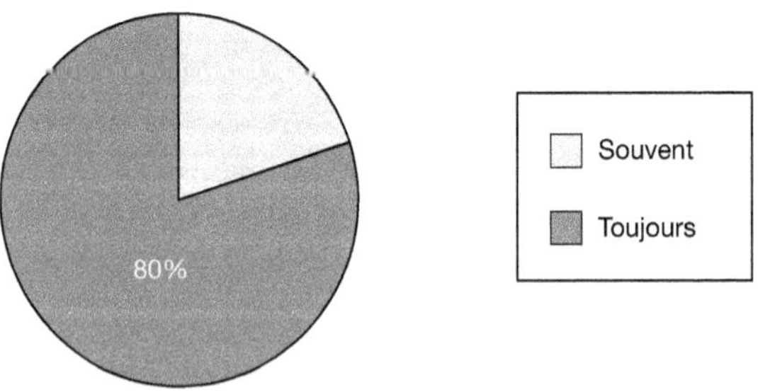

Enquête de juin 2013 auprès des membres du réseau
Coopération inter-métiers Haute-Normandie

Ils ont toujours été témoins d'échanges bienveillants à 40 %, et souvent à 47 %. Ils reconnaissent à 87 % (40 % « souvent » et 47 % « toujours ») l'écoute authentique et mutuelle qui règne dans les échanges entre membres. Les notions de confiance, d'écoute et de liberté de parole, au cœur du dispositif des réseaux apprenants, sont bien assimilées et respectées par les participants. Cette liberté de communication, une fois installée au sein du réseau, peut devenir une habitude et s'étendre aux situations professionnelles situées en dehors du réseau apprenant.

Ainsi, 50 % des répondants sont d'accord ou tout à fait d'accord avec l'idée selon laquelle la démarche favorise la libération de la parole même à l'extérieur du réseau. De fait, la démarche permettrait pour 55 % d'entre eux de développer la confiance en autrui.

Cependant, si la coopération et les échanges à l'intérieur des groupes sont fortement reconnus et plébiscités, il n'en va pas nécessairement de même des échanges entre groupes.

J'ai pu échanger librement avec les membres des autres groupes

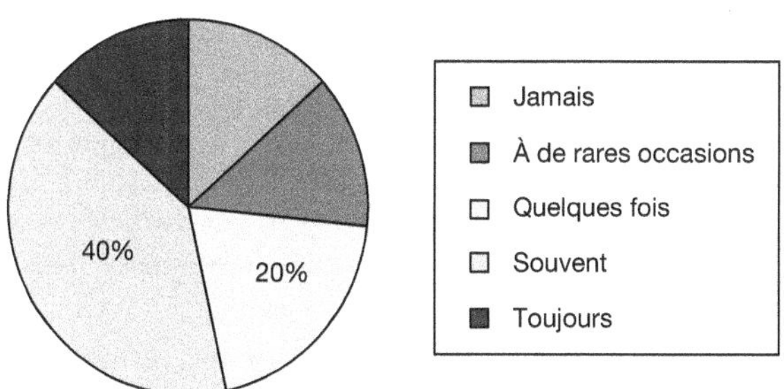

*Enquête de juin 2013 auprès des membres du réseau
Coopération inter-métiers Haute-Normandie*

Ainsi, seuls 13 % des répondants déclarent avoir pu échanger librement avec les membres des autres groupes. Ces réponses sont à mettre en perspective avec le jugement, exprimé par 50 % des participants, selon lequel le nombre d'échanges entre les groupes (moments dits de « plate-forme ») est insuffisant.

Le comité de soutien[1] : un appui fondamental

Le comité de soutien, composé de membres de la direction de l'entreprise, est rencontré régulièrement lors des plates-formes. Selon 86 % des répondants, l'engagement de la direction, de même que le rôle du comité de soutien sont essentiels à la réussite de la démarche. Les membres du réseau estiment que le comité s'est montré disponible, même s'il a été difficile pour certains d'échanger librement avec lui. Il ressort de l'enquête que le comité de soutien ne doit en aucun cas influencer les réflexions du groupe, mais être garant de la reconnaissance du réseau apprenant au sein de l'entreprise. Il doit en particulier ouvrir des terrains d'expérimentation grâce à son influence.

J'ai pu échanger librement avec les membres du comité de soutien

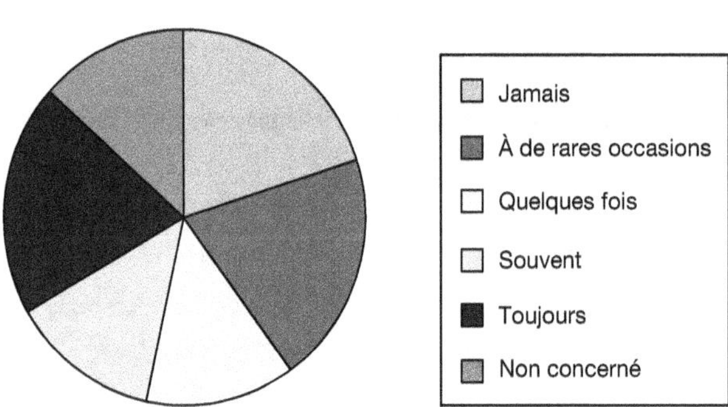

Enquête de juin 2013 auprès des membres du réseau
Coopération inter-métiers Haute-Normandie

De l'avis des membres du réseau apprenant, le comité a plutôt bien rempli le rôle qu'ils attendaient de lui. La preuve en est que 72 % d'entre eux estiment que les expérimentations n'auraient pas été possibles sans l'appui du comité. Un seul répondant estime qu'elles l'auraient été. La totalité des participants affirme que le groupe a pu

---

1. Dans d'autres réseaux apprenants, ce comité peut être appelé Comité d'influence ou Comité d'animation et d'influence du réseau (Cair).

librement choisir ses thèmes de réflexion et de travail. En outre, les échanges au sein du comité de soutien étaient plutôt suffisants.

Objectifs et réussites du réseau apprenant

De façon générale, les participants témoignent de leur adhésion à la démarche. Ils sont 93 % à se déclarer en accord ou tout à fait en accord avec ses valeurs, et pensent qu'elle constitue une stratégie pertinente pour l'organisation.

Cette démarche est une bonne stratégie pour cette organisation

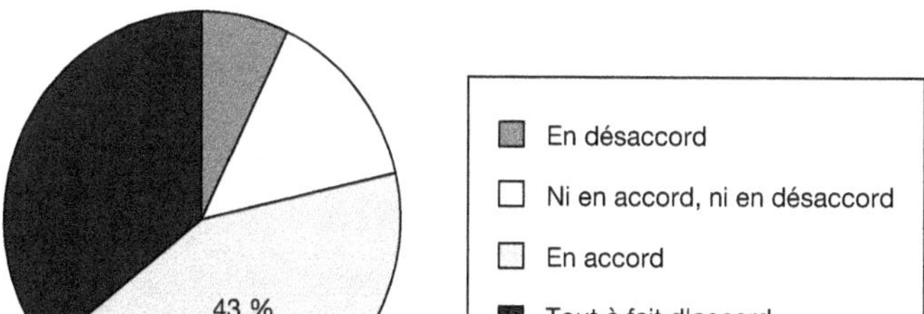

Enquête de juin 2013 auprès des membres du réseau Coopération inter-métiers Haute-Normandie

Les membres interrogés sont 71 % à déclarer avoir une meilleure compréhension des activités et des pratiques des autres métiers de l'entreprise, et 65 % à estimer que la démarche facilite leurs échanges avec les autres métiers de la région Haute-Normandie. S'ils affichent un retour positif quant à l'expérience, seuls 20 % d'entre eux se disent prêts à initier une démarche de ce type. Enfin, 15 % d'entre eux se soucient de leur performance individuelle dans le cadre de leur participation.

Il s'avère que la démarche est difficilement perçue par les non-participants au réseau, mais qu'elle a un impact en dehors de celui-ci. Ainsi 78 % des membres affirment-ils que la démarche ne semble pas avoir réussi à se faire connaître de façon positive auprès des personnes qui n'y ont pas participé. La même proportion ajoute qu'il est difficile de valoriser les actions réalisées par les groupes auprès des personnes qui n'ont pas pris part à la démarche. Pour 43 % des participants, les actions proposées par les groupes ont du mal à être adoptées à l'extérieur. Cependant, 79 % d'entre eux considèrent que la démarche favorise le développement de relations avec les autres collaborateurs, en dehors du réseau.

Un impact sur l'innovation et les pratiques ?

Les solutions qui ont vu le jour n'auraient pas pu exister sans la démarche, jugent 78 % des membres du réseau. L'enquête révèle que les groupes ont été à même de développer une réflexion créative et de formuler des propositions innovantes au plus près des attentes des agents. Il s'avère cependant difficile de mettre ces propositions en pratique : seuls 43 % des personnes interrogées affirment avoir porté à leur terme de manière opérationnelle les expérimentations proposées.

D'autres réseaux apprenants à la SNCF

Outre les réseaux apprenants détaillés dans cet ouvrage, de nombreuses autres initiatives similaires sont développées au sein de la SNCF. Certaines sont émergentes, tandis que d'autres sont installées. En voici une présentation succincte.

Les réseaux existants

Le Club des explorateurs – Direction des Ressources humaines Corporate

Depuis 2009, le Club des explorateurs regroupe les accompagnateurs et facilitateurs internes qui souhaitent se professionnaliser dans les réseaux de management et travailler sur la posture apprenante. Les participants, issus d'entités très diverses, se réunissent mensuellement. Les travaux du Club suivent trois axes :

- développer les compétences des membres en matière d'animation et de facilitation de l'intelligence collective ;

- partager des pratiques ;

- co-développer de nouveaux réseaux.

La démarche Kerouan – Direction des Fonctions support

La démarche Kerouan, lancée en 2010, est un dispositif co-gouverné par la direction Stratégie Développement et la direction Finances, Achats, Systèmes d'information et de télécommunication. Elle réunit majoritairement des cadres supérieurs issus de toutes les entités des fonctions Support et des autres directions Corporate. Le programme vise les objectifs suivants :

- développer des comportements d'ouverture vers l'externe ;

- faciliter le décloisonnement entre directions en interne ;

- renforcer une vision transversale des membres du groupe dans leurs réflexions et leurs actions ;

- faciliter et développer le fonctionnement en réseau ;

- soumettre des propositions pour contribuer à la transformation de l'entreprise.

De 2010 à juin 2013, près de 130 des 450 cadres supérieurs des fonctions support ont participé à neuf promotions. Le réseau se poursuit désormais au rythme de deux promotions par an.

Ligne H en Île-de-France – Transilien

La démarche apprenante a vu le jour sur la ligne H en 2011, parallèlement à l'arrivée du nouveau matériel francilien. Avec la conviction que les nouvelles technologies ne sont rien sans un projet humain, il a été décidé de développer une approche qui redonne de l'initiative et des marges de manœuvre à tous ceux qui assurent le transport des 200 000 voyageurs quotidiens de la ligne H. Baptisée « projet de service », la démarche vise à réintroduire de l'humain dans un transport de masse et à faire en sorte que tous les collaborateurs, en structure fonctionnelle comme opérationnelle, puissent échanger, s'enrichir mutuellement et rapprocher leurs connaissances pour offrir le meilleur service aux clients.

Des ateliers sont dédiés aux dirigeants de proximité et à leurs directeurs d'unité opérationnelle, mais rien ne filtre entre eux, de sorte que chacun puisse trouver ses marges de manœuvre et que la notion de hiérarchie ne vienne pas brider la créativité des agents.

Le fondement du projet est la symétrie : il faut porter autant d'attention aux agents qu'aux clients. Les principes qui régissent la démarche – favoriser le co-développement entre pairs, apprendre à déléguer et à redonner de la souplesse, éviter la standardisation – ont déjà porté leurs premiers fruits :

- le taux d'engagement des agents est supérieur là où le projet de service a été mis en œuvre (baromètre Tempo[1]) ;

- le taux de satisfaction est passé de 55 % en 2011 à 74 % en 2012 ;

- l'initiative des agents est amplement reconnue par les clients, en particulier grâce à une « opération feuilles mortes ». Sur 527 clients interrogés, 84 % se sont dits satisfaits de la sensibilisation opérée sur ce thème, et un quart d'entre eux a remarqué cette action.

L'unité de production Fret* Vallée du Rhône-Loire – Direction Fret Autochem

Depuis 2011, l'unité de production Fret Vallée du Rhône-Loire (UPF VRL) s'efforce, grâce à des rencontres apprenantes, d'impliquer encore davantage son personnel dans un parcours permettant de faire face à d'importants enjeux de production. Riche de cette expérience et de la participation active de ses membres, l'unité a accéléré le rythme en 2013 en s'appuyant sur un travail en réseau numérique. Grâce au nouvel outil de *brainstorming* en ligne Storm'z, un très grand nombre de managers ont pu participer à distance à la résolution de projets. Plusieurs ateliers en ligne se sont tenus, ce qui a permis d'enrichir des documents institutionnels tels que le document unique sur les risques psychosociaux, ou encore de dégager une nouvelle approche du lien intergénérationnel dans l'unité – et ceci en un temps record de moins de deux heures.

---

1. Tempo est l'enquête annuelle de référence de la SNCF en matière de satisfaction et d'engagement des salariés pour l'ensemble des mondes Voyageurs, Matériel et Fonctions support.

Enfin et peut-être surtout, cette application, *via* son module asynchrone, donne une dimension nouvelle au réseau en permettant à des collaborateurs dispersés géographiquement, voire travaillant en horaires décalés, d'y prendre part. Elle offre également l'avantage de recueillir l'avis et les propositions de solutions de tous, y compris de ceux pour qui la prise de parole est parfois difficile.

L'UPF VRL a décidé de pérenniser les ateliers Storm'z sur différentes problématiques et d'ouvrir la démarche aux agents d'exécution dès le second semestre 2013, pour assurer la participation effective de chacun au projet d'équipe.

Puissance 5 000 – Réseau de la région Champagne-Ardenne

La Champagne-Ardenne, région connectée au réseau TGV, lance l'idée en 2011 de faire réfléchir et agir un grand nombre d'agents aux possibilités d'augmenter le trafic dans les trains. La démarche vise le lancement d'un réseau inter-métiers. Trois groupes sont constitués et poursuivent encore leurs échanges inter-métiers sur les thèmes suivants :

- le développement de l'offre touristique et culturelle ;

- la dynamique d'entreprises ;

- la création de nouveaux services pour les voyageurs.

Le réseau RH emplois et compétences

Initié en 2011, le réseau RH compte aujourd'hui soixante-dix personnes issues à parts égales des établissements, des régions et de l'échelon national, qui s'impliquent dans cinq principaux thèmes de travail :

- l'intergénérationnel, au-delà des clichés sur la « génération Y » ;

- l'intégration, qui revêt une importance tant pour les agents que pour les managers ;

- le mieux vivre et le mieux travailler ensemble, au-delà des diversités de profils et de statuts ;

- le pilotage économique de l'emploi et des compétences au niveau local ;

- l'employabilité (groupe en émergence).

Ce réseau apprenant concourt tout à la fois à développer la ligne métier RH et à expérimenter de nouvelles façons d'aborder des sujets sociétaux.

DI de demain – Direction de l'Immobilier

DI de demain est une démarche de changement née en 2011 au sein de la direction de l'Immobilier. Un quart des effectifs de la direction y sont embarqués. À ce jour, dix thématiques issues des axes stratégiques sont portées par dix « groupes action » mobilisés par un animateur et soutenus par un sponsor. Citons à titre d'exemple :

- la responsabilisation et la délégation dans la « grande direction de l'Immobilier » ;

- la connaissance du patrimoine ;

- la fiabilité des données ;

- la professionnalisation de la maîtrise d'ouvrage ;

- l'amélioration de la circulation de l'information entre le siège et les régions.

Outre l'enthousiasme de chacun à inventer la DI de demain, le témoignage le plus symbolique du succès de la démarche réside dans l'adoption par tous de l'appellation « grande DI » pour désigner l'ensemble des entités de l'Immobilier. Le besoin de gommer toute frontière physique ou psychologique entre le terrain, le siège et les filiales est unanimement partagé.

Le territoire de production Nord-Est Normandie – Infrastructure

En 2012, le territoire de production Nord-Est Normandie (TPNEN) s'est porté volontaire pour piloter un projet de transformation managériale au sein de l'Infrastructure. L'objectif était de redonner aux managers de terrain (DPX, DU, DET) des marges de manœuvre permettant aux établissements et au territoire de production de mettre en œuvre des solutions pratiques et partagées, en réponse aux préoccupations des personnels. La démarche apprenante a été conçue et déployée par une équipe de consultants mixtes, internes et externes. Elle intègre cinq niveaux hiérarchiques. Les premiers résultats démontrent à quel point elle a permis au collectif d'évoluer en confiance et lui a donné l'envie d'agir. Les effets en sont concrets et visibles tant dans le mode de management que dans la compréhension de chacun de son rôle et de son action au sein du collectif. À titre d'exemple, un logiciel inter-métiers a été développé pour la reconnaissance terrain.

Direction PSIG – Projets, système, ingénierie

La direction de l'Ingénierie s'inscrit dans une culture apprenante depuis 2005 avec la démarche PSIG (Projets, système, ingénierie). Pour les années 2013 et 2014, elle a pour enjeux d'assurer la croissance des projets en Île-de-France (avec la création de la direction Île-de-France) et surtout de réussir la mise en place du Gestionnaire d'infrastructure unifié (GIU), impliquant d'instaurer de nouveaux fonctionnements coopératifs avec Réseau ferré de France (RFF*). La logique de coopération se trouve donc au cœur des enjeux d'ingénierie, se substituant à un fonctionnement historique fondé sur la compétition. Pour les équipes, c'est un changement de mentalité profond. Leurs managers ont à conduire cette transformation tout en continuant à fournir des prestations de très haut niveau technique, tant en matière de qualité que de délais.

Démarche apprenante globale, PSIG se décompose en plusieurs volets :

- Le volet stratégique

    La co-construction d'un projet avec l'ensemble de la ligne managériale a notamment permis d'atteindre un résultat économique dépassant les objectifs prévus pour 2012 et d'accroître de 20 % le produit net par agent.

- Le volet management

    PSIG a co-construit sa politique managériale au travers de valeurs comportementales et de bonnes pratiques collectées et partagées. Il en résulte un engagement fort des collaborateurs et allant croissant pour l'encadrement.

■ Le volet technique

> La maîtrise d'œuvre travaux (MOE) des trois territoires de production met en place des repères communs pour asseoir une vision d'ensemble de la MOE.

■ Le volet clients

> Grâce au travail mené par PSIG sur la posture vis-à-vis des clients, ses indicateurs de satisfaction ont gagné cinq points, pour atteindre 85 %.

Pour porter plus loin la démarche d'apprenance dans le volet managérial, PSIG a créé en 2012 un réseau apprenant composé de managers de proximité et consacré à des problématiques de terrain. Il s'agit d'accompagner ces collaborateurs dont le rôle de management devient de plus en plus complexe, dans des contextes de surcroît incertains. Ce réseau compte aujourd'hui plus de quatre-vingts membres, tous volontaires, qui font évoluer le management grâce à une analyse des pratiques. Les groupes de travail portent un enjeu de transversalité, puisqu'ils comptent des managers de la direction technique et de la direction régionale. Ils traitent et approfondissent les problématiques de management avec l'aide d'un professionnel extérieur, puis se réunissent entre eux de façon autonome.

L'activité Intercités

Depuis septembre 2012, Intercités a souhaité se lancer dans une démarche apprenante avec un triple objectif :

■ renforcer le travail en inter-métiers en vue de réaliser un saut de performance à l'approche du renouvellement de la convention des trains d'équilibre du territoire ;

■ créer du lien au sein de l'activité et favoriser les coopérations ;

■ expérimenter des actions imaginées et portées par les collaborateurs.

À ce jour, près de soixante-dix participants travaillent sur cinq thématiques issues de leurs propositions et placées au cœur de la stratégie d'Intercités :

■ améliorer et moderniser le matériel en offrant davantage de confort et de services ;

* améliorer la régularité ;

* renforcer la sûreté à bord des trains en développant le contrôle avant l'accès au train ;

* développer les services à bord et en gare ;

* faire connaître les lignes Intercités et personnaliser la relation client en créant une identité propre en externe comme en interne.

Ces groupes visent à élaborer de nouveaux modes d'organisation et de fonctionnement, résolument collectifs, pour faire gagner l'activité Intercités en compétitivité.

Laplace – Logiciel d'aide à la planification des chantiers en établissement

Lancé en mars 2013 par la direction de la Production industrielle (Infrastructure), Laplace est un outil collaboratif de planification et de production portant sur les cinq milliards d'euros de travaux réalisés chaque année dans l'ensemble de l'infrastructure ferroviaire.

Une communauté a été créée pour rapprocher les différents utilisateurs et les développeurs. L'apprenance s'est imposée comme le meilleur vecteur pour soutenir les partages d'expériences permettant d'adapter l'outil aux besoins réels des 2 000 utilisateurs. Tous les mois est éditée une nouvelle version du logiciel enrichie grâce aux retours de la vingtaine d'expérimentateurs. Cette communauté très motivée aide les nouveaux utilisateurs à prendre les bonnes décisions initiales et les motive. Elle intervient également dans les forums de présentation de Laplace. Car, comme le dit un de ses membres : « Nous ne connaissons pas de meilleur professeur qu'un utilisateur convaincu. »

Cet outil, qui porte de très forts enjeux et dont le déploiement sur un an n'était pas sans risque, est mieux accueilli par les établissements grâce à cette démarche, qui se poursuit.

Ener'J – fonction juridique

Lancé en septembre 2011, Ener'J est le réseau participatif des collaborateurs de la fonction juridique du groupe SNCF. Sa mise en place par la direction juridique s'inscrit dans la poursuite d'une démarche d'évolution managériale et vise à mettre la fonction juridique en capacité d'accompagner la stratégie et les évolutions de la SNCF. Elle fait suite à la réorganisation de la fonction juridique du groupe, dont elle est le second volet.

Ener'J se veut un espace de partage d'idées, de réflexion et de transformation visant à co-construire la fonction juridique de demain, la rendant plus performante et sereine pour relever les défis du groupe. La démarche est directement animée par les collaborateurs de la fonction, qui ont défini les objectifs prioritaires à atteindre puis les actions à mener. Elle est activement portée et soutenue par la directrice juridique du groupe, Henriette Chaubon, qui encourage la mobilisation et l'implication de ses collaborateurs afin qu'ils travaillent mieux ensemble, en recherchant en commun des facteurs d'unité.

Ener'J se décline en cinq communautés d'action qui portent les fruits de l'implication individuelle et collective de ses membres :

▪ Les valeurs de la fonction juridique

Ces valeurs sont résumées dans l'acronyme CODES : compétence, ouverture, disponibilité, engagement et solidarité. Elles ont été définies par les membres d'Ener'J à la suite des benchmarks internes et externes qu'ils ont réalisés. Des actions ont ensuite été menées pour que chacun s'approprie ces valeurs dans un premier temps, et dans un deuxième temps les décline au sein de la fonction juridique au gré d'opérations concrètes, tout en s'engageant dans le suivi de leur mise en œuvre.

▪ L'amélioration des méthodes de travail au sein de la fonction juridique

Les actions de la communauté favorisent les interactions entre les acteurs de la fonction, développent le bien-être au travail et la confiance entre collègues, et enfin améliorent la communication en encourageant des échanges d'informations fluides.

▪ Les clients de la fonction juridique

Des actions sont menées pour travailler sur la posture en amont des juristes ainsi que sur l'offre de services : création et diffusion de catalogues de formations juridiques offertes en interne aux clients, etc.

- Les réseaux et la mutualisation des connaissances de la fonction juridique

  Cet axe se traduit par le développement de réseaux actifs et de clubs de juristes dans différents domaines, notamment le numérique.

- L'intégration des nouveaux arrivants au sein de la fonction juridique

  Des actions concrètes d'intégration ont été élaborées par la communauté : parrainage, kit d'accueil dématérialisé, journée portes ouvertes, etc.

Quatre mois après le lancement de la démarche Ener'J, la directrice juridique du groupe affirmait avec cœur et ferveur, lors d'une journée portes ouvertes : « Une dynamique est lancée. La fonction juridique groupe est riche pour construire son avenir. Gardons notre enthousiasme. Seul on va vite, ensemble on va plus loin. »

Les réseaux émergents

À l'heure où cet ouvrage est imprimé, quatre nouveaux réseaux sont en préparation, dont certains sont portés par des filiales du groupe SNCF. Nous en mentionnerons deux à titre d'illustration.

Le réseau DEV – Gares & Connexions

Convaincue du potentiel considérable de progrès continu apporté par la démarche d'apprenance, la direction du Développement de Gares & Connexions s'élance à son tour dans la création d'un réseau apprenant, baptisé DEV. Il se donne pour objectif de doter ses équipes d'un esprit de collaboration encore plus pertinent et de généraliser le partage de bonnes pratiques concourant à assurer une production améliorée au quotidien. Visant l'optimisation des coûts et des délais, ce réseau apprenant permettra d'assurer un service toujours plus performant aux clients de la branche Gares & Connexions.

Le Club IT – Directions des Systèmes d'information

Le Club IT a l'ambition de rassembler les acteurs clés des différentes directions des Systèmes d'information (DSI) du groupe SNCF, pour qu'elles puissent faire face ensemble à des problématiques communes ou spécifiques en trouvant des solutions innovantes et efficaces. Cette démarche répond à une double vocation :

- renforcer la solidarité inter-DSI, en droite ligne d'une des valeurs premières du groupe ;

- créer un effet de synergie afin d'accroître la performance globale.

Le Club IT s'inscrit pleinement dans le contexte de transformation de la SNCF en fédérant les collaborateurs des systèmes d'information, en créant un nouveau réseau apprenant interne de coopération et en adoptant un regard neuf sur les options à prendre pour faire évoluer la DSI.

Qu'est-ce qu'un réseau apprenant ?

Le réseau apprenant pour vivre une expérience de changement

L'enquête Ipsos menée en 2012 par la Chaire Essec du changement auprès de mille salariés sur le thème « les Français et le changement » révèle une perception ambivalente de celui-ci. En effet, si 80 % des personnes interrogées estiment faire des efforts de changement, elles ne perçoivent pas l'utilité de la moitié des projets de changement. Elles sont également 80 % à juger insuffisants les dispositifs de communication et de formation relatifs aux changements et à regretter que les entreprises ne déploient pas davantage de temps d'échanges à propos du changement sous forme d'ateliers.

Une notion ancienne et oubliée : les focus groups de Lewin

Kurt Lewin, psychologue américain d'origine autrichienne, a cherché à comprendre dans les années 1940 les mécanismes du changement au travers des comportements des groupes. Il a établi que le changement produisait un déséquilibre dans l'état stationnaire d'un groupe, suscitant tout à la fois des forces motrices favorables à l'évolution et des forces restrictives recherchant la stabilité. Pour Lewin[1], il est préférable de conduire le changement en s'attachant à diminuer les forces restrictives plutôt qu'à augmenter les forces propulsives. Il ajoute que les normes sociales qui lient les membres d'un groupe agissent, au sein d'un champ de forces, comme des résistances au changement. Aussi est-il possible de diminuer l'intensité de ces forces afin de changer l'équilibre du groupe, soit en réduisant l'attachement des individus à la norme, soit en modifiant la norme elle-même. Cette position fera de Lewin le théoricien de la résistance au changement. Le modèle du changement qu'il propose à l'époque sous l'appellation « décristallisation-déplacement-recristallisation » vise à conduire le changement par le biais d'une remise en cause des normes existantes, suivie d'une réflexion sur de nouvelles normes qui seront à leur tour cristallisées par un phénomène d'institutionnalisation.

La littérature francophone donne parfois d'autres noms à ce modèle, comme « dégel-recherche de sens-regel » ou encore « déracinement-expérimentation-enracinement ». Pour en apprendre davantage sur les travaux de Kurt Lewin, nous vous invitons à lire la description de son œuvre dans l'ouvrage *Conduite du changement : concepts clés*[2].

Pour démontrer la validité de son modèle explicatif (les champs de forces) et prescriptif (décristallisation-déplacement-recristallisation), Lewin a mené la célèbre expérience des « focus groups ». Il menait alors aux États-Unis une recherche, reposant sur un dispositif expérimental, dans le but de comprendre comment il était possible

---

1. LEWIN K., *Psychologie dynamique : les relations humaines*, Presses universitaires de France, Paris, 1972.

2. AUTISSIER D., VANDANGEON-DERUMEZ I., VAS A., *Conduite du changement : concepts clés*, Dunod, Paris, 2010.

d'influencer le comportement d'un groupe pour le convaincre de modifier ses habitudes de consommation. En l'occurrence, l'expérience visait à inciter les ménagères américaines à consommer des abats (alors peu appréciés, car difficiles à conserver) afin d'éviter la pénurie des autres pièces de viande. Deux méthodes furent mobilisées auprès de clubs et d'associations féminines de petites villes américaines. L'une consistait à donner des conférences qui mettaient en évidence les mérites nutritifs des abats (groupes 1), tandis que l'autre proposait aux femmes invitées, après une brève information, de discuter de la question en groupe sous la conduite d'un animateur (groupes 2). Dans les deux cas, l'expérience dura quarante-cinq minutes. Une semaine plus tard, une enquête réalisée au domicile des ménagères révélait que la consommation d'abats avait été dix fois plus importante dans les deuxièmes groupes que dans les premiers. Elle avait progressé de 3 % dans les premiers, contre 30 % dans les seconds.

Fort de ces résultats, Lewin confirme qu'il est plus efficace et plus facile de diminuer les résistances au changement en modifiant les normes sociales d'un groupe qu'en réduisant son attachement à ces normes. La propagande de masse (groupes 1) laisse l'individu dans une situation solitaire et psychologiquement isolée, favorisant les phénomènes de résistance au changement. À l'inverse, la discussion et la prise de décision en commun (groupes 2) améliorent le degré d'implication des individus et peuvent susciter un mouvement collectif de changement des comportements au sein d'un groupe.

La nécessité de dispositifs expérientiels

Les focus groups, et plus généralement les ateliers participatifs, visent à faire échanger des personnes sur un sujet donné, en suivant une scénarisation et des modalités d'animation. L'objectif est de susciter un apprentissage par l'échange d'expériences et de pratiques. Les participants n'écoutent pas un enseignement théorique sur un sujet, ils font et/ou expriment l'expérience du sujet débattu. Cette expérience peut revêtir différentes formes – pratiquer, simuler, écouter l'expérience de l'autre, expérimenter – en fonction du sujet et du niveau de maîtrise des participants. À titre d'exemple, il peut s'avérer très dangereux et contre-productif de proposer des exercices sur un circuit automobile à des personnes qui ne savent pas conduire.

Dans tous les cas, c'est l'expérience du sujet qui est recherchée. C'est pourquoi nous traitons de cette technique au travers de la notion d'apprentissage expérientiel.

Quelques grands auteurs, pour la plupart spécialistes en sciences de l'éducation, nous offrent des clés de lecture intéressantes de ce concept. C'est en 1969 que Carl Rogers parle d'*experiential learning*[1], opposant à l'apprentissage par l'esprit un apprentissage par la pratique. Il le décrit comme « un apprentissage en profondeur qui modifie et affecte les comportements et les attitudes. Cet apprentissage est évalué par l'apprenant lui-même car il est le seul à savoir s'il répond à ses besoins ». Cet apprentissage est ancré dans l'expérience et se rapporte à des éléments ayant une signification pour l'individu. Dans la même lignée, Jean Piaget explique que connaître ne consiste pas à copier le réel mais à agir sur lui et à le transformer[2].

En 1972, William Torbert[3] définit quatre environnements d'apprentissage expérientiel :

- le monde extérieur ;

- le comportement de la personne ;

- la structure interne de la personne d'un point de vue cognitif, émotionnel et sensible ;

- l'évolution de la conscience et de ses buts.

En s'appuyant sur les travaux de Lewin sur le processus de rétroaction, David Kolb, en 1984, définit l'expérience comme un tête-à-tête entre la réflexion et l'expérimentation[4]. L'expérience, explique-t-il, permet aux individus d'opérer un processus d'observation qui provoque une réflexion conduisant à la conceptualisation. Dans ce modèle, l'expérience concrète est le moyen de valider, d'éprouver et de revoir les concepts abstraits.

---

1. ROGERS C., *Freedoom to Learn: A View of What Education Might Become*, Merill, Princeton, 1969.

2. PIAGET J., *L'épistémologie génétique*, PUF, Paris, 2005 (6e édition).

3. TORBERT W.R., *Learning from Experience, Towards Consciousness*, Columbia University Press, New York, 1972.

4. KOLB D.A., *Experiential Learning, Experience as the Source of Learning and Development*, Prentice Hall, Englewood Cliffs, 1984.

Dans les années 1980, le concept *d'experiential learning* laisse la place à d'autres modèles tels que le *learning from action*, l'*action learning* ou le *learning from doing*. Selon Peter Jarvis[1], « apprendre est la transformation de l'expérience dans la connaissance, les habiletés et les attitudes ». À cet égard, il est important que l'apprenant puisse intégrer dans le processus d'apprentissage ses propres modes de fonctionnement et qu'il expérimente les résultats de ses propres décisions.

Les réseaux apprenants, *via* les ateliers d'échanges de pratiques, visent essentiellement à susciter des points de bascule dans le comportement des participants pour les conduire à faire évoluer leurs représentations – par exemple pour prendre conscience de l'importance de sujets.

Nous proposons un modèle d'observation du comportement et un questionnaire d'évaluation afin de mesurer cette évolution comportementale. Il repose sur les travaux menés par David Autissier et Jean-Michel Moutot[2], en relation avec les écrits de chercheurs tels que Chris Argyris[3] et Ikujiro Nonaka[4] ou encore de théoriciens des organisations comme Gareth Morgan[5] et de l'apprentissage comme Jean Piaget[6].

Ce modèle d'évolution comportementale est présenté sous la forme d'un cycle jalonné par des étapes, étant précisé que celles-ci peuvent intervenir à tout moment et ne suivent pas nécessairement un ordre chronologique. Cinq éléments constitutifs permettent une évolution comportementale :

- L'importance

  C'est par un processus quasiment binaire qu'un individu accorde ou non de l'importance à un sujet, selon le mode « important/

---

1. Jarvis P., « Meaningfull and Meaningless Experience: Towards an Analysis of Learning from Life », *Adult Education Quartely*, vol. 37, n°3, p. 164-172, 1987.

2. Autissier D., Moutot J.-M., *Méthode de conduite du changement*, Dunod, 2013.

3. Argyris C., Schön D.A., *Organizational Learning II: Theory, Method and Practice*, Addison-Wesley, Reading, 1996.

4. Nonaka I., Takeuchi H., *The Knowledge-Creating Company: How Japanese Companies Create the Dynamics of Innovation*, Oxford University Press, 1995.

5. Burrell G., Morgan G., *Sociological Paradigms and Organizational Analysis: Elements of the Sociology of Corporate Life*, Ashgate Publishing, Farnham, 1979.

6. Piaget J., *Le comportement, moteur de l'évolution*, Gallimard, Paris, 1976.

pas important ». La notion d'importance peut être d'ordre social, économique, moral ou philosophique, et résulter de plusieurs facteurs. Elle se matérialise par le fait qu'un individu juge un sujet suffisamment important pour se mobiliser et agir :

■ Les expérimentations

Les personnes acceptent-elles de s'intéresser à un sujet sous un angle théorique et/ou pratique ? Sans y être nécessairement favorables, elles peuvent accepter de s'y intéresser, de le tester voire de l'envisager.

■ Les postures

Se traduisant par des manifestations d'acceptation ou de refus, les postures affirment le point de vue d'une personne, son jugement sur les actes d'autrui. Elles constituent une forme d'engagement car elles expriment publiquement les croyances de l'individu.

■ Les actions

Une action est un mécanisme contextualisé de consommation de ressources en vue d'obtenir un résultat. Elle nécessite de faire des choix d'allocation de ressources, d'être visible au sein d'un collectif et d'assumer un niveau de résultat. Une action est, de ce fait, triplement engageante et marque une volonté opérante et transformative ou non.

■ L'ancrage

Les actions sont effectuées dans un environnement normé, et leur réalisation – tant dans le résultat obtenu que dans la dynamique engagée – fait évoluer ces mêmes normes, quitte à les remplacer par d'autres. L'ancrage correspond à ce moment où les anciennes normes sont abandonnées au profit de celles qu'implique le changement.

Chacune de ces étapes se caractérise par des états d'acceptation et d'intégration de nouveaux comportements. Les actions entreprises pour susciter un changement de comportement de la part d'une population donnée peuvent être suivies et analysées au travers de ce modèle et de ces phases. La phase de l'importance peut être considérée comme la première ou la dernière, donnant lieu selon les cas à un raisonnement inductif ou déductif.

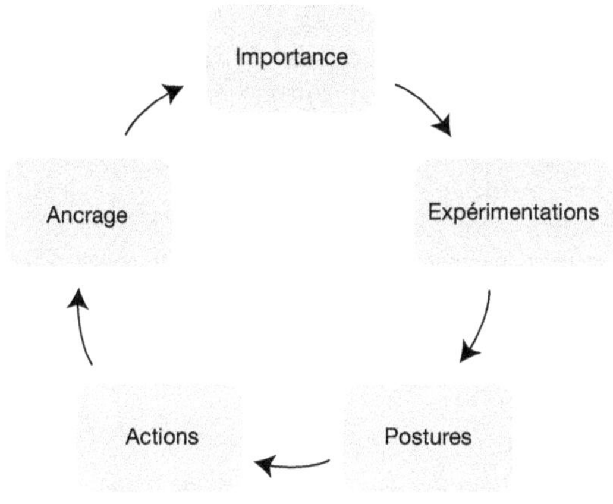

Modèle d'évolution comportementale

Caractéristiques et processus du réseau apprenant

La littérature en management et en pédagogie offre plusieurs niveaux de définition du concept de réseau apprenant, que nous nous proposons de vous faire partager.

Travailler en réseau selon Philippe Zarifian[1]

L'organisation en réseau, explique Philippe Zarifian, traduit le besoin qu'a l'entreprise de travailler en transversalité pour résoudre les problèmes rencontrés dans les organisations en silos. Il s'agit d'associer, dans le cadre d'un projet particulier, différentes équipes appartenant au même réseau de travail, afin d'obtenir une meilleure performance globale. Dans ce projet, chaque équipe est

---

1. ZARIFIAN P., *Objectif compétence*, Éditions Liaisons, Paris, 1999.
Philippe Zarifian a mené des études économiques, puis a dirigé un département au Centre d'études et de recherches sur la qualification (Cereq). Il est ensuite devenu enseignant chercheur à l'université de Marne-la-Vallée et travaille sur les questions de civilité, de mondialité, de modèles d'organisation et de démarche compétences.

placée face à sa propre responsabilité quant à sa réussite. Le principe de l'organisation en réseau est de permettre des interactions pour favoriser l'inter-équipes, l'inter-métiers et l'inter-méthodes, dans le but de gagner en efficacité. Pour que cette organisation en réseau fonctionne, certaines conditions méritent une attention particulière :

- fixer des objectifs qui ne soient pas trop abstraits ni éloignés des possibilités des équipes ;
- suivre les éventuelles tensions et désaccords pouvant survenir du fait de la diversité des acteurs.

L'organisation apprenante selon Peter Senge[1]

Pour Peter Senge, sont apprenantes « les organisations où les personnes qui accroissent constamment leur capacité d'atteindre les résultats qu'elles désirent vraiment, où l'on cultive l'ouverture et des manières de penser nouvelles, où les aspirations collectives sont libérées et où les personnes apprennent constamment à regarder ensemble la globalité ».

L'apprenance selon SOL France[2]

Voici la définition de l'apprenance que donne la Société française pour l'organisation apprenante : « L'apprenance est un néologisme qui définit une attitude et des pratiques individuelles et collectives. C'est la volonté de rester en phase avec son écosystème. Elle exprime une volonté d'apprendre et d'apprendre ensemble à quatre niveaux : individuel, organisationnel, inter-organisationnel et sociétal. L'apprenance permet de s'enrichir de sa propre réflexion dans l'action, des découvertes des uns et des autres, des enseignements en groupe, de fluidifier la circulation de l'expérience, et de s'adapter aux changements. C'est travailler en transparence dans des réseaux transverses formels ou informels. [...] Dans un environnement de plus en plus changeant et évolutif, l'entreprise doit apprendre à se

---

1. Senge P., *La Cinquième Discipline. L'art et la manière des organisations qui apprennent*, First Éditions, Paris, 1992.
2. Société pour l'organisation apprenante : www.solfrance.org

mouvoir "comme un poisson dans l'eau". Elle est comparable à un organisme vivant dont l'existence biologique est faite d'interactions. Les différences sont une richesse, la créativité se développe, l'intelligence collective émerge. »

SOL France distingue trois capacités clés des organisations apprenantes :

- clarifier les aspirations ;

- faire face à la complexité ;

- engager des conversations productives.

Ces capacités s'expriment au travers des cinq disciplines dégagées par Peter Senge :

- la vision partagée ;

- les schémas mentaux ;

- la pensée systémique ;

- l'apprenance en équipe ;

- la maîtrise personnelle.

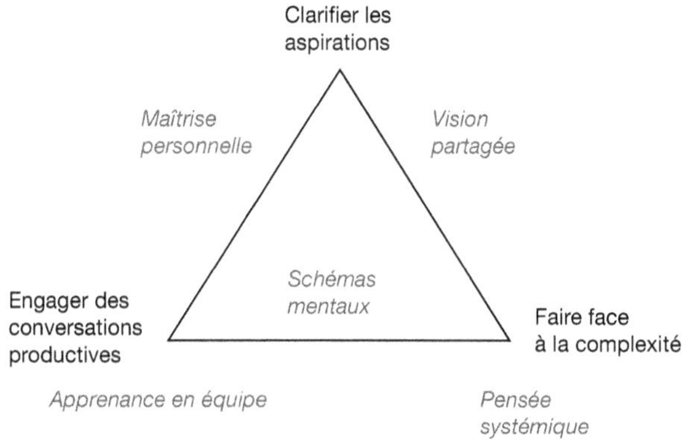

Source : SOL France – Adapté de Peter Senge

Capacités clés et disciplines des organisations qui apprennent

À la SNCF, ces définitions se sont combinées pour aboutir aux réseaux apprenants. Ceux-ci participent à de véritables sauts de performance, alliés au développement personnel de leurs différentes parties prenantes. Aussi les réseaux apprenants de la SNCF répondent-ils à un trible objectif :

■ apprendre ensemble dans l'action ;

■ co-construire en proximité le changement, avant de la conduire ;

■ créer les conditions locales d'émergence et de réalisation des innovations dans une stratégie globale.

Le processus du réseau apprenant

Un réseau apprenant est un dispositif de rencontres finalisé autour d'enjeux de performance, entre personnes issues de tous niveaux hiérarchiques et des différents métiers d'une organisation. Ce dispositif est encadré par une durée, une périodicité des échanges, des modalités d'animation et des objectifs. Les participants débattent à partir de leurs pratiques dans une logique d'exploration et de résolution. Grâce à l'échange de pratiques, le réseau apprenant est un dispositif d'explication et d'élaboration de solutions qui permet à ses participants de mieux comprendre leur manière d'agir, dans une logique d'apprentissage.

Le réseau apprenant peut être représenté par le modèle processuel suivant, qui illustre ses phases et sa logique.

Le processus du réseau apprenant se décompose en trois phases :

■ La phase de constitution

  Elle vise à mettre en place le réseau : participants, animation et sujets à débattre.

■ La phase des interactions

  Lors de cette deuxième phase, il s'agit d'organiser et de susciter les interactions entre les membres pour créer un supplément d'intelligence collective et d'apprentissage.

* **La phase des apports et des résultats**

  Lors de cette troisième étape sont opérés les apprentissages individuels et collectifs. En outre, les différents apports de la démarche sont rendus opérationnels, dans une logique d'ancrage.

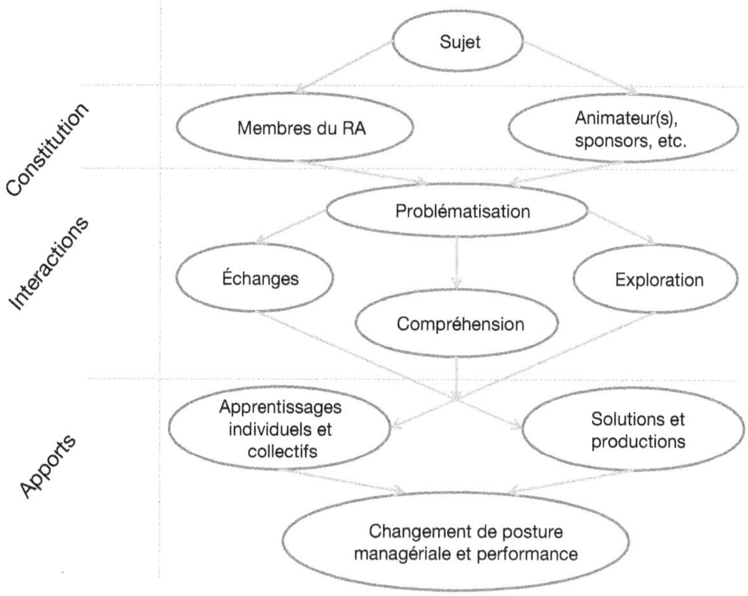

Le processus du réseau apprenant

Les dimensions du réseau apprenant

Six dimensions clés peuvent être identifiées. Nous proposons ici de préciser leur définition et de décrire leur possible utilisation dans les différents contextes de mobilisation d'un réseau apprenant.

La dimension thématique

Pourquoi et pour quel sujet est-il plus pertinent de mobiliser un réseau apprenant plutôt qu'un autre dispositif managérial de type management hiérarchique ou mode projet – principaux dispositifs de régulation et d'action dans les systèmes collectifs fina-lisés et sous contraintes ? La réponse tient d'une part dans le niveau d'apprentissage attendu et, d'autre part, dans le degré de complexité du sujet traité.

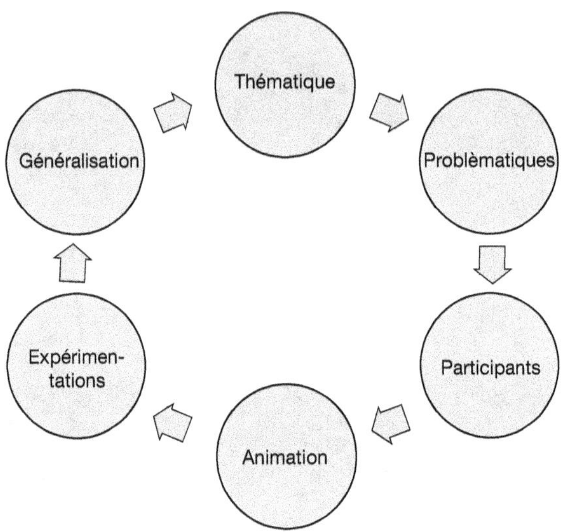

Les dimensions du réseau apprenant

• Niveau d'apprentissage attendu

Le réseau apprenant s'apparente à une forme de laboratoire dans lequel les participants remettent en cause leurs croyances et leurs représentations, tout en apportant des solutions concrètes et opé-rationnelles. Suivant un scénario à construire en fonction du sujet traité mais également des participants et des contraintes de résultat, le réseau apprenant permet une compréhension d'un sujet par les pratiques et la représentation que s'en font les participants.

Un réseau apprenant est le plus souvent mobilisé pour traiter un changement de posture ou de rôle, au-delà d'un changement de pratiques. En effet, les changements de comportements et/ou les changements qualifiés de niveau 2 en référence aux travaux d'Argyris[1] s'envisagent difficilement dans des relations hiérarchiques

____

1. ARGYRIS C., SCHÖN D.-A., *Organizational Learning II*, Addison-Wesley, 1996.

dominées par l'asymétrie de pouvoir, de même que dans le mode projet mobilisé pour la production de livrables de manière programmée et transversale. Le réseau apprenant constitue une alternative intéressante aux deux formes classiques de management des changements collectifs.

• Complexité du sujet traité

Un sujet peut être qualifié de complexe lorsque l'environnement d'action rend possible une multitude de combinaisons. Cela se traduit par la difficulté à isoler des critères de relation de cause à effet simples et à privilégier des approches systémiques et d'émergence. Il est alors difficile de savoir ce qui va exactement se passer. Dans ce contexte, le management s'apparente moins à une relation de contrôle qu'à une capacité à mettre en mouvement et à lire la dynamique engendrée pour capitaliser les résultats.

Le dirigeant n'est plus celui qui détient l'information ou assume un rôle de commandement, mais celui qui bénéficie d'une légitimité pour créer et à capitaliser une dynamique humaine. Dans une situation complexe, il est important de laisser les acteurs échanger sur leur environnement, leurs pratiques et leurs représentations, afin qu'émerge une forme de sens partagé et de dynamique d'action associée.

• Typologie des réseaux apprenants

L'analyse des pratiques des réseaux apprenants à la SNCF permet de mettre en avant cinq thématiques davantage mobilisées que dans les autres formes de management. L'innovation est au cœur de ces thématiques :

▪ L'innovation

> L'innovation consiste à envisager autre chose ou une autre façon d'agir. Dans une logique de *brainstorming*, il s'agit d'identifier des pistes de réflexion pour de nouveaux produits et/ou de nouvelles manières de faire. Le processus de l'innovation peut être symbolisé par un entonnoir : il convient d'amener progressivement et par divers dispositifs les participants à revoir leur façon de penser pour intégrer des nouvelles visions et, au final, repenser des éléments de leur quotidien soit en rupture, soit en continuité.

■ **Le thème exploratoire**

Le choix d'un thème exploratoire vise à permettre aux participants de comprendre un nouveau concept à propos duquel il n'y a ni expérience ni connaissances (internes ou externes) immédiatement mobilisables.

Pour citer cet exemple, une entreprise a lancé auprès de ses cadres dirigeants une action sur « l'écologie du management ». Cette notion étant à la fois inconnue en interne et peu expérimentée et documentée en externe, il a fallu l'explorer en définissant son périmètre ainsi que les modalités de son analyse et de son opérationnalisation.

■ **La résolution du problème**

Un problème connu et jugé suffisamment important peut être posé à la collectivité en termes de contraintes et/ou d'urgence. Le travail consiste alors à définir avec précision ses causes, à les partager le cas échéant et à envisager les actions à mener. La réflexion porte tout autant sur la prise de conscience de l'importance du problème que sur la proposition d'un plan d'actions réaliste et opérationnel.

Par exemple, la perte successive de plusieurs appels d'offres peut conduire les principaux intéressés dans l'entreprise à se mobiliser pour en identifier les causes et définir des actions de correction.

■ **Le diagnostic d'une situation**

Une situation qui pose problème et/ou suscite l'interrogation peut faire l'objet d'un diagnostic. Par « diagnostic », nous entendons la formalisation des éléments explicatifs du fonctionnement et/ou de l'état d'un service, d'un projet, d'un groupe, d'une entreprise ou encore d'un phénomène. Le prisme retenu est celui de la recherche d'éléments factuels sur la situation et de leur analyse dans le temps et l'espace. La compréhension objective se situe au cœur de ce type d'action. Au cours puis à l'issue d'échanges, les participants élaborent une grille de lecture du réel intégrant les différents points de vue du groupe et ils en déduisent des conclusions plus ou moins généralisables dans le temps et l'espace.

◼ La sensibilisation à un sujet

Certains thèmes sont peu, voire pas connus dans les organisations. Parfois, ils sont connus de manière générique mais pas de manière pratique et opérationnelle. Prenons l'exemple de la qualité de vie au travail. Tout le monde s'entend à peu près sur les finalités, qui sont aisées à envisager à partir de la formulation sémantique. Toutefois, les principaux intéressés ne sont pas nécessairement sensibilisés à l'importance et aux modalités pratiques de traitement de cette question. La sensibilisation vise à définir le sujet, à quantifier objectivement son importance et à fournir des clés d'opérationnalisation.

Cela a notamment été la démarche retenue pour le sujet de l'intergénérationnel, proposé et porté par le réseau RH apprenant de la SNCF.

Problématique

Poser une problématique permet, sous forme de question, de délimiter ce que l'on cherche, ainsi que le niveau de résultat attendu. C'est une manière de passer du général au particulier. Sur un sujet général comme la culture client, par exemple, plusieurs problématiques pourraient être proposées :

◼ Comment développer la relation client du personnel en *front-office* ?

◼ Quels sont les indicateurs permettant d'évaluer la culture client d'un service commercial ?

◼ Quelles sont les bonnes et les mauvaises pratiques en matière de culture client ?

◼ Comment la culture client de l'entreprise a-t-elle évolué au cours des cinq dernières années ?

La problématisation consiste à formuler en amont, par le biais d'une question, les résultats que l'on souhaite obtenir. Elle délimite le champ d'investigation à traiter. L'utilisation d'adverbes interrogatifs tels que quoi, comment, où, qui et pourquoi permet de définir le ou les sujets de la recherche. Dans les exemples ci-dessus, le champ d'analyse peut être limité dans le temps et dans l'espace.

Pour chaque sujet donné, nous préconisons de formaliser les résultats attendus et les problématiques visant à obtenir ces mêmes résultats dans un tableau similaire à celui présenté ci-dessous.

Résultats attendus et problématiques

Résultats attendus pour le sujet « développer le bien-être dans l'entreprise »	Problématiques possibles
Indices de stress en diminution (baromètre social, *burn-out*…)	Quels sont les indicateurs d'évaluation du bien-être en entreprise ?
Marque employeur en hausse	Quels sont les rôles et missions de chacun en termes de bien-être au travail ?
Diminution du nombre de démissions	
Réduction des temps de décision	Quels sont les référentiels en matière de bien-être au travail et comment les mobiliser ?
Obtention d'une certification de classement sur le sujet	

Participants

Qui inviter à participer à un réseau apprenant ? Cette question, simple dans son énonciation, s'avère souvent plus compliquée qu'il n'y paraît. Faut-il inviter la totalité des personnes concernées par le sujet ? Le réseau doit-il être composé uniquement de volontaires, ou bien également de ceux qui ont des prédispositions positives pour ce type de dispositif ? Faut-il combiner plusieurs niveaux hiérarchiques, ou ne pas faire participer les managers ou les dirigeants ? Des bénéficiaires du service peuvent-ils être sollicités en terme d'usage (co-design) ?

L'observation de la pratique des réseaux apprenants à la SNCF permet de proposer quelques règles simples de bonne tenue et de réussite en matière de « casting ».

- Règle n° 1 : embarquer un « sponsor »

Il est primordial que le réseau apprenant dispose d'un sponsor issu de la hiérarchie, pour ne pas dire de la haute hiérarchie de l'entreprise. Cette recherche de couverture hiérarchique n'est pas contradictoire avec l'esprit des réseaux apprenants. Au contraire, c'est une manière d'intéresser et d'impliquer les directions, afin qu'elles s'investissent dans le développement de ces dispositifs. C'est également une façon d'apporter une reconnaissance institutionnelle au réseau, à ses membres et à leurs résultats. Le sponsor est généralement choisi en fonction de la proximité entre le thème développé par le réseau apprenant et ses missions, mais aussi au regard de l'appétence et la croyance qu'il manifeste à l'égard des réseaux apprenants. En outre, sa propre capacité à apprendre au cours de cette démarche constitue un élément déterminant.

• Règle n° 2 : identifier les « indispensables »

La plupart du temps, le traitement du sujet retenu requiert une expertise technique pour éviter les contresens ou des échanges généralistes désincarnés. Or chaque organisation compte des personnes indispensables – ou « personnes clés » –, qu'il s'agisse d'experts et/ou de leaders. Ces personnes occupant différents types de postes à des niveaux hiérarchiques très différents, il est important de les attirer dans le réseau apprenant. Grâce à leur charisme, leurs compétences techniques et relationnelles mais aussi leur intelligence de situation, leur capacité d'influence positive est réelle.

Parce qu'elles sont motrices, mais aussi parce qu'elles constituent des caisses de résonance dans l'organisation, il convient toutefois de faire attention à ce qu'elles intègrent le réseau apprenant tout en laissant suffisamment de place aux autres. Elles doivent rester leaders tout en mettant cette posture entre parenthèses afin de permettre un véritable échange, puis diffuser les résultats obtenus.

L'analyse de quelques réseaux apprenants permet d'affirmer que ces « indispensables » représentent environ 25 % d'un réseau apprenant.

• Règle n° 3 : mobiliser les « producteurs »

La philosophie de tout réseau apprenant est le partage de pratiques. Dans les réseaux apprenants en effet, la connaissance n'est rien d'autre que le résultat de l'échange entre praticiens, ou producteurs de pratiques. Véritable matière première du réseau apprenant, l'échange favorise la compréhension de ses propres pratiques et de celle d'autrui, dans une alternance de récits (description de l'existant) et de propositions (élaboration de solutions).

Certains participants sont doublement « producteurs » : de leurs pratiques et du bon fonctionnement du réseau apprenant. De ce point de vue, ils constituent la catégorie à coup sûr la plus importante. Un bon producteur se distingue par son expérience et ses qualités de participation que sont la bienveillance, l'objectivité et le recul sur soi. En effet, l'expérience à elle seule ne suffit pas. Il importe également de faire preuve de participation et de coopération, avec comme moteur une envie forte de faire avancer les choses.

La dernière catégorie de participants est celle des animateurs, que nous abordons dans la thématique suivante.

Animation

L'animation est une composante structurante et identitaire du réseau apprenant. Les personnes qui rejoignent un réseau apprenant sont à la recherche d'une nouvelle modalité d'interaction. Elles recherchent avant tout une zone neutre, dans laquelle l'échange peut se dérouler dans un « parler vrai » et avec bienveillance. Encore faut-il que cet échange attendu soit à la fois autorisé et animé. Le pivot de l'animation globale de tout réseau apprenant est le facilitateur, même si tous les participants l'animent *via* leur posture et leur manière d'interagir.

Un réseau apprenant est un lieu d'échange, d'observation des autres et d'observation de soi en situation d'interaction. Cette triple posture constitue la base d'une animation respectueuse des uns et des autres, mais aussi une condition à ce que nous appelons un « apprentissage de niveau 2 » (comprendre ce que nous apprenons) – que nous développons dans la troisième partie de cet ouvrage.

Le facilitateur et les animateurs de chaque groupe de réflexion/ action jouent un rôle central en réalisant les actions suivantes :

- organisation des séquences sur un sujet ;

- organisation du temps de chaque séquence en fonction des modalités d'animation envisagées ;

- pédagogie des modalités de participation auprès des participants ;

- régulation en cas d'interrogation et/ou de problème de posture ;

- définition du fil rouge des différentes sessions et du rythme pour mobiliser les différents participants ;

- mise en place des dispositifs de capitalisation des échanges ;
- suivi de la production des différents livrables attendus.

Le facilitateur et les animateurs gèrent simultanément le bon déroulé du réseau apprenant, mais veillent aussi à ce que celui-ci produise les éléments attendus par les participants tout en créant des conditions attractives pour ces derniers.

Expérimentations

Que produit un réseau apprenant ? Garder cette question à l'esprit est essentiel pour s'assurer que le réseau ne devient pas un lieu de causeries inutiles et stériles. Pour citer un participant à un réseau apprenant, « un réseau apprenant n'est pas un endroit où l'on refait le monde, mais où l'on trouve des bonnes idées, chacun à son niveau, pour résoudre des problèmes concrets et opérationnels ».

Un réseau apprenant peut conduire à différentes productions :

- Des diagnostics

  Constitués d'éléments chiffrés et objectifs sur une situation suscitant l'interrogation ou posant problème, les diagnostics sont généralement complétés par des analyses explicatives exprimées en termes de causes et de conséquences, mais aussi par des préconisations. Certains diagnostics peuvent intégrer des éléments de *benchmarking* avec des données provenant d'autres organisations.

- Des échanges de pratiques

  Les participants échangent sur leurs pratiques et leur vécu sur un sujet donné, dans une logique à la fois narrative et explicative : non seulement ils livrent leurs pratiques, mais ils les analysent – par eux-mêmes et/ou par le questionnement des autres participants.

- Des explorations

  Lorsque les sujets ne sont pas encore matures, il est très difficile d'élaborer immédiatement un plan d'actions. Il est alors préférable de passer par une phase intermédiaire d'exploration du sujet. Il s'agit de « débroussailler » le sujet grâce à des apports internes et externes, sous la forme de pratiques ou de réflexions.

Cela permet de définir le sujet et son périmètre afin d'envisager des diagnostics et des plans d'actions.

■ Des plans d'actions

Ainsi que nous le montrons dans cet ouvrage, un réseau apprenant est un outil de changement et constitue une forme d'appropriation actionnable du contenu d'un changement. Aussi importe-t-il qu'il soit délibérément tourné vers l'action. Dans cette optique, l'un des livrables majeurs réside dans la formulation de plan d'actions avec les porteurs des actions, les ressources associées, les parties prenantes, les différentes phases, les indicateurs de résultats et les modalités de retour d'expériences de ces actions dans le cadre du réseau apprenant qui les a initiées.

Toutes ces productions peuvent être réalisées de manière spécifique ou bien complémentaire. Il est important qu'au début d'un réseau apprenant il y ait un affichage fort et explicite des productions attendues, afin de s'assurer que les échanges y contribuent pleinement. Cependant, il est important de se rappeler que le chemin parcouru par les acteurs est aussi important que les actions elles-mêmes. La production de la solution est aussi importante que la solution elle-même.

Généralisation

Socrate l'observait déjà en son temps : « Le savoir est la seule matière qui s'accroît quand on la partage. » Les résultats d'un réseau apprenant constituent à cet égard une double ressource pour les participants. Ces derniers bénéficient d'une part d'une expérience d'échange et de compréhension sur un sujet tout en disposant, d'autre part, de ressources formalisées leur permettant d'archiver et de diffuser le savoir produit.

Si les documents produits par un réseau apprenant peuvent relativement aisément être diffusés à l'interne comme à l'externe, il n'en est pas de même pour l'expérience vécue. Les documents peuvent être mis à disposition de l'entreprise sur des sites Intranet ou autres bases de *knowledge management*. Les apprentissages issus de l'échange peuvent être généralisés par le témoignage : chaque participant témoigne, à l'issue de chaque rencontre, de ce que lui a apporté le réseau apprenant sur le plan individuel comme sur le plan collectif. Ce témoignage peut revêtir différentes formes plus ou moins publiques comme une vidéo, une lettre, une interview ou encore des sessions au cours desquelles les participants expriment leur vécu au sein du réseau apprenant. Ce travail de généralisation a pour objectif de susciter la participation d'autres personnes à ce type de manifestations et ainsi faire en sorte que cela devienne une modalité gestionnaire.

Cette forme de propagation ondulatoire, de diffusion par capillarité émanant des participants auprès de leur entourage quotidien, constitue une forme nouvelle de diffusion des savoirs.

Réseaux permanents et réseaux conjoncturels

Le réseau apprenant est une structure souple et agile au sein des organisations, qui vise à traiter des sujets qui ne peuvent pas l'être dans une logique hiérarchique ou de projet.

Participants au réseau des réseaux

Une question revient souvent, lors du déploiement des réseaux apprenants : faut-il les pérenniser ou les circonscrire à une logique conjoncturelle ? Parce que la réalité n'est ni noire ni blanche, mais se situe bien souvent entre les cases du damier, nous privilégions la dimension conjoncturelle pour conserver une forme de spontanéité et d'énergie. Quoi qu'il en soit, des structures permanentes peuvent être envisagées. La SNCF, par exemple, a créé une structure intitulée « le réseau des réseaux » pour faciliter, initier, développer et capitaliser l'activité des différents réseaux apprenants. Ce groupe constitué de 80 managers et dirigeants capitalise non seulement sur les sujets débattus qui ont fait l'objet de retombées dans les métiers, mais aussi et surtout sur la pratique même des réseaux apprenants et leur visibilité dans l'organisation.

En résumé, un réseau apprenant est un dispositif de mise en relation dans le cadre de réunions sur un sujet donné, avec une animation dédiée. Il privilégie l'expérience plutôt que le contenu théorique. Dans le réseau apprenant, les participants vivent une double expérience : celle de la résolution de problèmes collectifs et celle de l'apprentissage personnel. Le réseau apprenant crée des interactions entre les participants, que nous qualifions de « résolution apprenante » dans la mesure où elles sont productives et placent les participants en situation d'apprentissage de niveau 2.

La transformation à travers les réseaux apprenants

Comment engager des dizaines ou des centaines de collaborateurs dans un changement lorsqu'on bouleverse leurs valeurs et leurs croyances, voire leur identité professionnelle ?

Pour ses réseaux apprenants, la SNCF fait le pari que l'expérience du chemin vers une transformation suit un *pattern* spécifique décliné en trois étapes :

- le laboratoire ;

- les expérimentations et/ou la création de prototypes ;

- la transformation par la diffusion des pratiques issues des expérimentations.

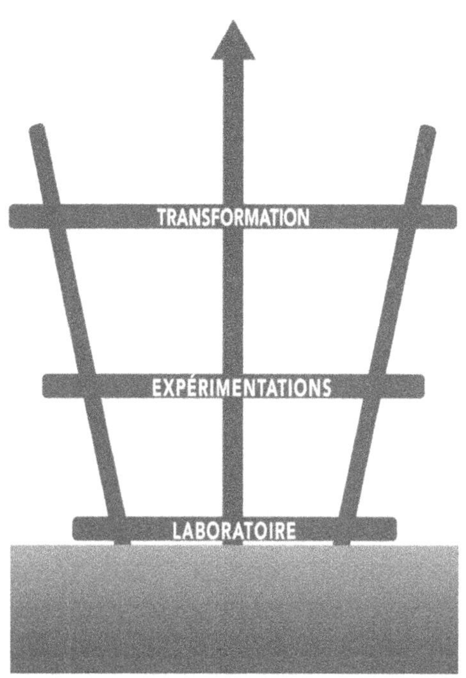

Étapes de la transformation

Chaque réseau débute par un « laboratoire d'idées », avec quelques personnes novatrices (moins de 3 % d'un collectif[1] est suffisant) qui se réunissent en groupe de réflexion/action, dans un cadre sécurisé[2], pour se challenger sur un schéma « hors normes ». Les participants partent d'une « page blanche » : c'est pour eux l'occasion de sortir du cadre et leurs seules limites sont alors celles qu'ils se fixent eux-mêmes. Une fois focalisés sur une idée, ils réfléchissent à de nouvelles façons de faire et élaborent des produits, des expérimentations, des plans d'action. Durant cette phase, les membres du réseau sont en itération avec leur sponsor et/ou le commanditaire afin de challenger leurs idées, mais aussi pour leur faire suivre le même chemin. Le sponsor est alors une ressource pour le groupe.

---

1. Inspiré de la loi de la diffusion de l'innovation de Rogers (1995).
2. Voir chapitre 3.

Devenant leurs propres promoteurs, les membres font preuve d'un taux d'engagement très élevé.

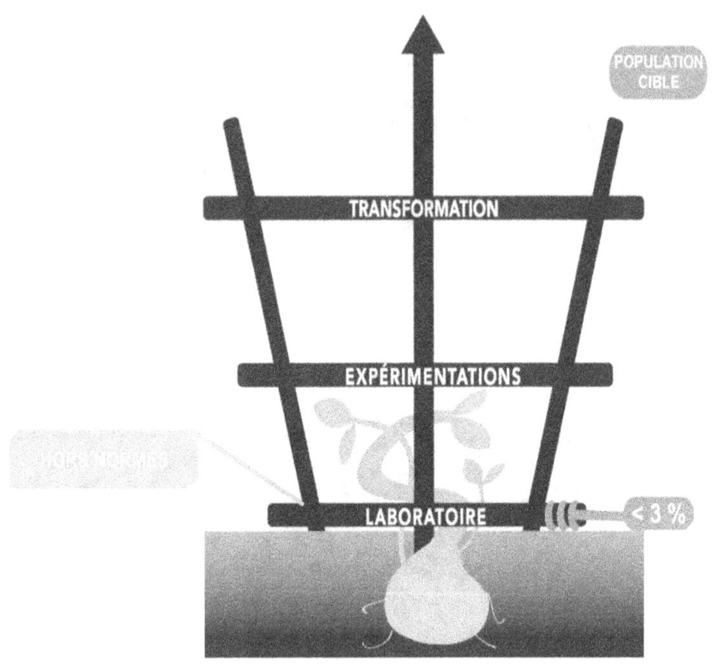

Étape 1 : le laboratoire d'idées

Une fois un plan d'actions arrêté, il est expérimenté. Les expérimentateurs s'ajustent en permanence en fonction des restitutions qui leur reviennent, afin d'élaborer la meilleure méthode, le meilleur produit possible. Cette étape se caractérise par une mouvance constante. Les situations ainsi créées n'étant pas ordinaires, il est légitime de considérer que ces expérimentations sont des actions « a-normales* ». Outre les « novateurs », les « adoptants précoces » aident et favorisent la mise en place des expérimentations. Au cours de cette phase d'expérimentation, le cercle des acteurs contributeurs s'élargit pour représenter de l'ordre de 16 % du collectif.

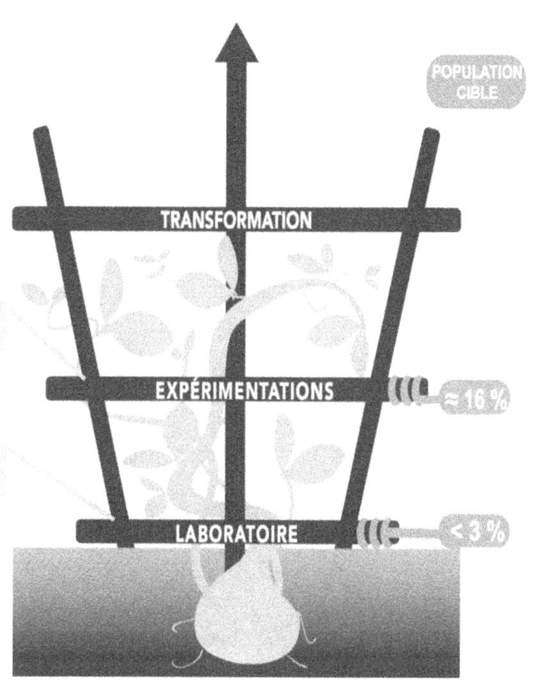

Étape 2 : les expérimentations

La phase de prototypage permet d'aboutir à un produit final opérationnel, car construit sur le terrain avec les personnes du terrain. Ayant ainsi « fait ses preuves », le projet se diffuse naturellement et atteint un point de bascule[1] qui se traduit par une transformation plus large (50 % de la population cible, ou « majorité précoce ») comme l'illustre la « plante de la transformation » développée par la SNCF présentée ci-après[2]. En se diffusant sous la forme de nouvelles pratiques, la transformation engendre une nouvelle représentation ou conception du service.

---

1. Malcolm Gladwell (2000) décrit dans *The Tipping Point – How little things can make a big difference* (« Le point de bascule – Comment faire une grande différence avec de très petites choses ») comment des « petites choses » peuvent déclencher des épidémies ou des tendances en atteignant ce point de bascule.
2. Cette « plante de la transformation » a été développée grâce aux inspirations issues d'entretiens/conférences avec le cabinet Infusio, Françoise Bronner et Adam Kahane.

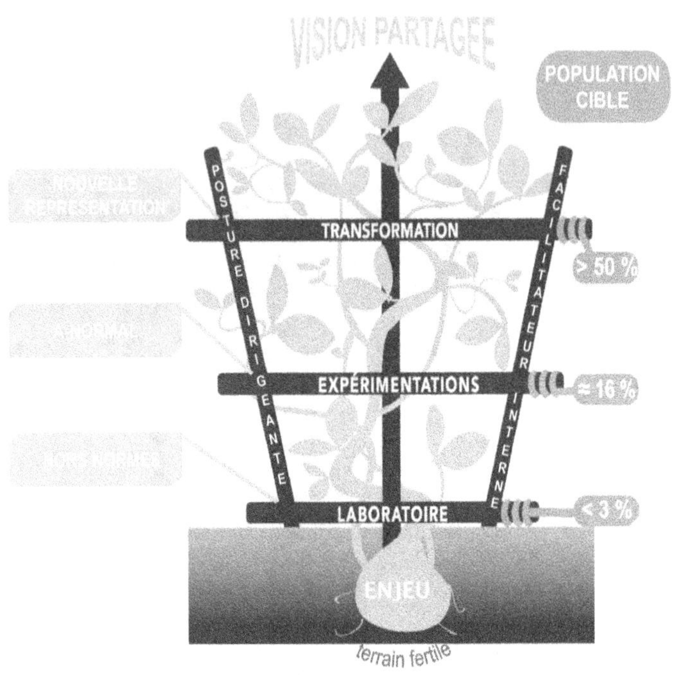

Étape 3 : la transformation

La croissance de cette plante de la transformation se heurte à de nombreux obstacles. Aussi est-il indispensable d'utiliser des tuteurs, comme autant de lignes directrices qui lui permettront de trouver le soleil et de s'épanouir. Ces tuteurs, qui doivent être présents et engagés tout au long du développement de la transformation, sont le dirigeant et le facilitateur. Pour jouer son rôle efficacement, le dirigeant doit avoir une posture favorable au dispositif de réseau apprenant et montrer, par son attitude, qu'il l'autorise voire le promeut. Pour sa part, le facilitateur doit impérativement être désigné au sein de la structure du collectif concerné (population cible) afin d'être à même d'appréhender tous les acteurs et les enjeux du groupe.

Auparavant, pour que la graine devienne plante, il est indispensable qu'elle soit plantée dans un terrain fertile. Pour le dire autrement, l'implantation d'un réseau apprenant ne peut donner une plante en bonne santé que si le management et la ligne hiérarchique sont majoritairement ouverts à ce type de démarche et capables d'exercer du lâcher-prise. Si le terrain réunit ces conditions, si le sol est fertile, une graine peut alors être plantée.

Avant de la semer, il convient toutefois de choisir le type de plante attendue, c'est-à-dire l'enjeu auquel le réseau répondra. Cet enjeu, pertinent au regard du travail des salariés au sein du groupe, projette vers l'avenir en fonction des orientations stratégiques. Ainsi, les participants volontaires s'efforceront d'y répondre en identifiant leurs propres problématiques par rapport à leur expérience et leur quotidien. Ils décideront des étapes et du chemin à parcourir pour aboutir au résultat qu'ils auront fixé, qui devra concourir à satisfaire l'enjeu de départ. À l'issue du processus de transformation par la diffusion, la problématique développée et solutionnée/améliorée devient une vision partagée par près de 50 % de la population cible.

Apprendre ensemble

Le principe de base d'un réseau apprenant est « apprendre ensemble dans l'action ». Afin de rendre ce principe possible, il est indispensable de réunir un certain nombre de conditions au sein du réseau apprenant : l'a-hiérarchie*, l'inter-métiers, le travail sur les écarts de points de vue, le volontariat « suscité », l'importance égale du chemin parcouru et du résultat obtenu, ainsi que le sens des objectifs par rapport au travail quotidien. Il est également extrêmement important de valoriser le travail fourni dans le réseau apprenant, de le faire connaître (importance du volet communication) et d'apporter ainsi de la reconnaissance aux acteurs. Et pour cause, l'un des aspects fondamentaux de l'apprenance est l'apport régulier de connaissances/ compétences.

L'importance des tuteurs de la plante de la transformation

À la SNCF, deux des réseaux apprenants n'ont pas réussi à perdurer, tandis qu'un troisième a décliné après avoir pourtant connu une forte période d'activité. La raison principale est liée à la posture du dirigeant : il ne suffit pas qu'il appelle de ses vœux la constitution d'un réseau apprenant, encore faut-il qu'il incarne les valeurs du dispositif dans son management quotidien. Le collectif n'accepte pas que la créativité ou le fait d'être challengé ne soient autorisés que lors des regroupements « officiels » des réseaux.

Pour revenir sur la « plante de la transformation », le deuxième tuteur qu'est le facilitateur interne illustre bien le fait que si un dirigeant est intimement engagé dans la démarche mais n'investit pas dans son équipe pour faire monter en compétence un facilitateur, le réseau apprenant est rapidement fragilisé. Certes, il existe des réseaux sans facilitateur interne. Mais ceux-ci mettent beaucoup plus de temps à démarrer car ils reposent sur la bonne volonté des facilitateurs d'autres réseaux et requièrent un investissement plus fort encore de leurs membres. Pour autant, la présence d'un facilitateur interne n'est pas exclusive : en plus de ce dernier, il est possible d'avoir recours à des consultants externes qui peuvent alors apporter une vision méta.

Un projet s'achève… Un autre naît !

Une fois que la transformation attendue est établie, qu'advient-il du réseau apprenant ? A-t-il encore une raison d'exister une fois qu'il a rempli sa mission ? Nous partons du principe que tout réseau apprenant peut continuer à exister dès lors qu'une envie subsiste et se manifeste d'une part, et que des problématiques sont identifiées d'autre part. Il peut renaître et soit repasser par chacune des étapes décrites précédemment, soit prendre un « raccourci ».

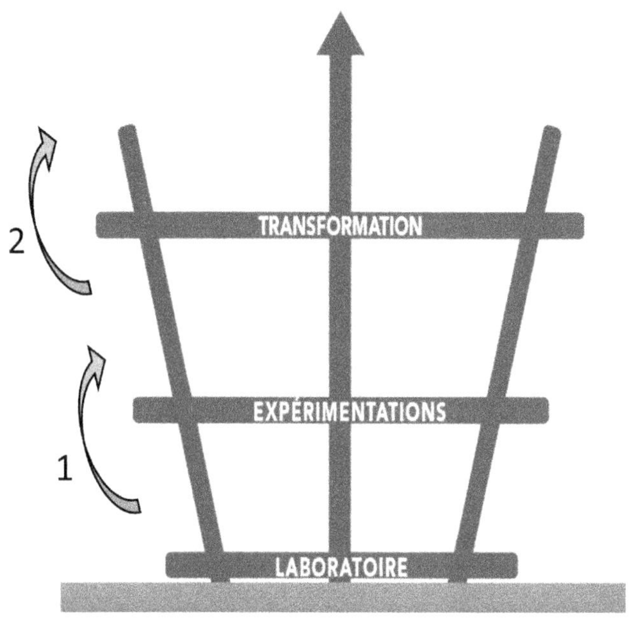

Débuter un nouveau projet à l'étape des expérimentations

Nous avons pu observer empiriquement qu'un réseau apprenant n'avait pas nécessairement besoin de tout reprendre à zéro. Ainsi, une fois atteinte une première transformation, il peut revenir directement à l'étape 2 des expérimentations pour réussir une nouvelle transformation.

Au cours des différentes étapes du processus de transformation (expérimentations, diffusion), d'autres idées peuvent surgir et constituer le socle de nouveaux projets. Dans ce cas, le laboratoire d'idées n'est pas une étape indispensable, excepté dans la partie conception de l'action à expérimenter qui se situe à l'interface des étapes 1 et 2.

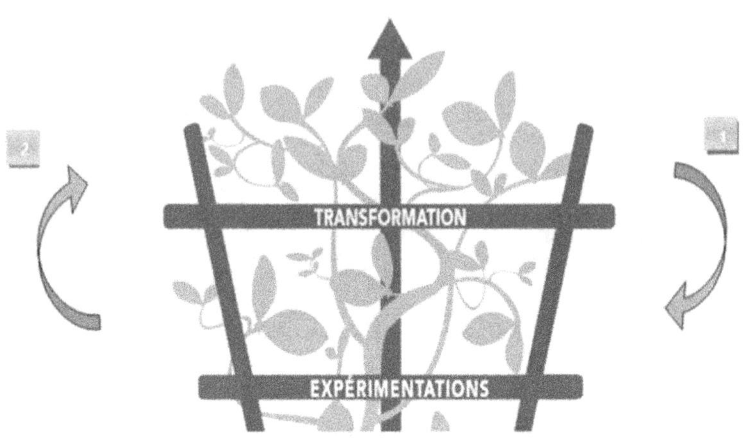

La fertilisation des réseaux apprenants.

Même lorsque le réseau apprenant repasse par le laboratoire d'idées, il ne fait pas table rase du passé. En effet, les liens créés, la coopération et le travail sur un terrain fertile qui préexistent permettent un réel gain de temps.

En résumé, un réseau apprenant se prépare, se construit, se nourrit, s'entretient, se développe au fil du temps et des projets. Il peut évoluer ou stagner. En somme, un réseau apprenant vit au rythme des personnes qui le représentent, de leur volonté, leur motivation et leur engagement.

Compréhension collective de ses manières d'agir et d'apprendre

Les réseaux apprenants mobilisent une technique gestionnaire visant à faire émerger des solutions à partir de l'échange entre ses participants et à développer les apprentissages individuels et collectifs. Mais c'est aussi (et peut-être même surtout) une autre manière d'envisager les relations entre les personnes : il n'y a plus d'un côté les sachants et de l'autre les non-sachants, mais des personnes qui partagent leurs savoirs dans une visée de progrès individuel et collectif.

Les réseaux apprenants constituent l'occasion de passer d'un mode de fonctionnement que nous qualifions de « *n, n* » par opposition à un mode « 1, *n* » hiérarchique. Ce mode de fonctionnement permet, en référence aux travaux d'Argyris et de Schön, des apprentissages en simple et double boucle.

Du 1, *n* au *n, n*

Dans le monde occidental, la relation à la connaissance et au pouvoir suit le modèle que nous nommons la « relation de 1 à *n* » : une personne, sachante ou chef, décide pour des sujets passifs - que ce soit par délégation ou de manière statutaire. Ce modèle d'une organisation avec une « tête pensante » et des « bras productifs » traverse l'histoire de nos sociétés et reste bien souvent d'actualité. Les religions monothéistes n'ont-elles pas elles-mêmes forgé cette idée de l'unité divine face aux peuples en attente de rédemption ? Ce schéma est parfois qualifié de modèle de la Sorbonne. En effet, lorsque Robert de Sorbon crée une université dédiée à l'enseignement théologique en 1253, les étudiants viennent y écouter les sachants et « recopier » un enseignement qu'il leur est impossible de critiquer : ils n'apprennent pas à apprendre, mais à reproduire un système véhiculé par les sachants qui détiennent le pouvoir, permettant par la même occasion à ces derniers de protéger leur pouvoir. Il commence à en aller autrement, grâce au phénomène décrit par Pierre Giorgini[1] et que Michel Serres appelle « l'inversion de la présomption d'incompétence ». Aujourd'hui, la relation étudiant/professeur ne se caractérise plus par l'ignorance du premier et le savoir du second. Bien au contraire, le bénéficiaire de l'enseignement - l'étudiant - est devenu un véritable partenaire, pour se centrer sur le bénéfice attendu : les étudiants sont en interaction avec leur professeur dont ils remettent constamment en cause les propos, vérifient en temps réel sur Internet les informations transmises voire les complètent.

En résumé, le modèle « 1, *n* » reste très prégnant dans nos fonctionnements, modes de pensée et représentations du monde actuel et

---

1. Pierre Giorgini est président recteur de l'Université catholique de Lille. Dans ses précédentes fonctions, il a accompagné les premiers pas de plusieurs réseaux apprenants à la SNCF, dont celui des Achats décrit dans le présent ouvrage.

futur. Il a façonné l'ensemble des organisations de nos sociétés, que ce soit sur le plan politique (notamment la Ve République française avec un président), sur le plan économique (organisation pyramidale des entreprises) ou encore sur le plan sociétal (relations au sein de la famille). Et pourtant, faire reposer une organisation sur un seul individu s'avère bien souvent un modèle réducteur de l'efficacité collective, qui requiert un minimum de concertation.

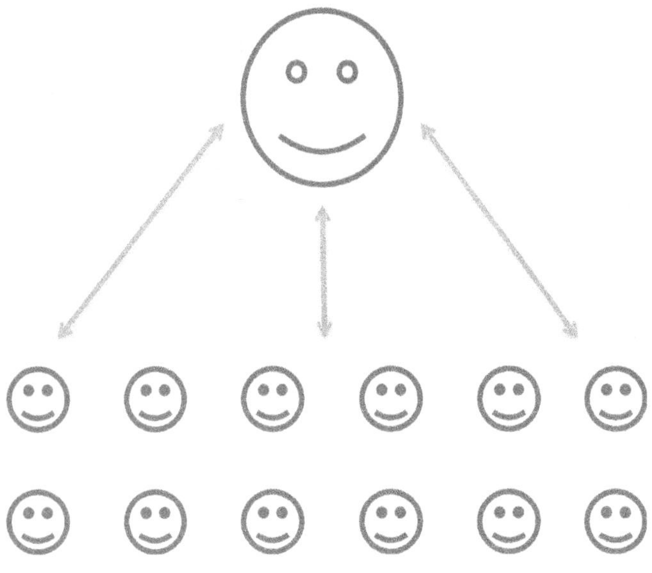

Le modèle « 1, n »

L'image du dirigeant d'entreprise a longtemps été associée à celle du « sauveur », de cet être supérieur qui aurait réponse à tout et que tous devraient écouter et imiter. On emploie d'ailleurs encore souvent le terme de « leader » pour exprimer cette idée d'une personne dominant les autres grâce à sa capacité à trouver les meilleures solutions. Certes, le leader est souvent celui qui se situe au haut de la hiérarchie et qui domine les autres, dans une relation d'autorité. Mais il apparaît de plus en plus qu'une personne peut être en capacité de favoriser une mise en mouvement du collectif, même si elle n'occupe pas de poste au sommet.

Cette relation que nous qualifions de « 1 à *n* » s'invite aussi dans certaines représentations de la mondialisation. Pourtant, les rapports économiques entre nations ne sauraient être uniquement envisagés dans une relation de domination/subordination. Poussé jusqu'à l'absurde, un tel raisonnement aboutirait à l'alternative suivante : « soit je domine le monde, soit je suis victime de la mondialisation ». Cette dialectique est nécessairement enfermante. Elle invite à combattre la mondialisation par le repli sur soi. Pourtant, la mondialisation peut aussi être envisagée comme une grande opportunité à saisir, favorisant notamment la mise en place d'un nouveau modèle de relation : la relation « *n* à *n* » – les parties prenantes évoluent dans un système de co-construction complexe, avec des jeux d'acteurs (comportements pas toujours rationnels pour des raisons d'affects et/ou de recherche de pouvoir) et des jeux politiques (volonté de disposer du maximum de pouvoir pour la décision et/ou la valorisation sociale). Que ce soit dans les sphères personnelles (famille, amis), professionnelles ou encore institutionnelles, ce fonctionnement entre les personnes et les systèmes repose sur des échanges visant la réalisation d'un projet commun.

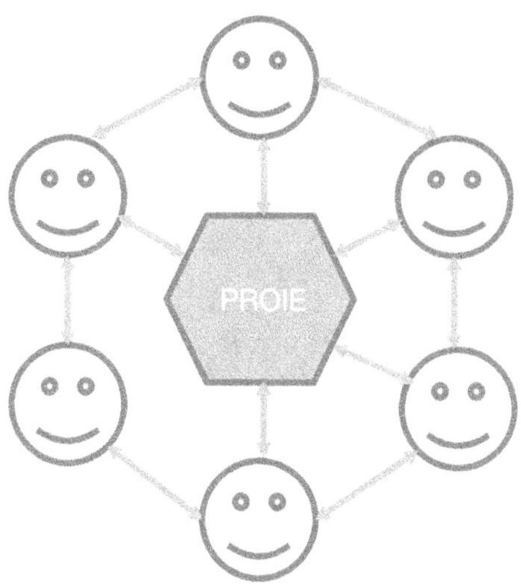

Le modèle « n, n »

Tel un vélo, l'équilibre de ce mode de fonctionnement tient dans la visée projective de la réunion des parties prenantes. Sans projet, cela ne peut pas ou très difficilement fonctionner. C'est la dynamique du mouvement collectif qui fonde le collectif et sa capacité de production. Une autre explication pour créer un collectif dans cette logique réside dans la confiance que les personnes peuvent avoir entre elles du fait de leurs expériences passées. Dans le même ordre d'idée, une des raisons de l'émergence d'un collectif peut être l'énergie partagée entre des personnes même si elles ne se connaissent pas. On parle alors d'énergie positive pour qualifier le fait que des personnes, lors de rencontres, ressentent la possibilité et l'envie de faire quelque chose ensemble. Cela résulte d'une forme de projets communs en émergence et de résonance mutuelle, sur des notions qui semblent importantes sans pour autant être connues et partagées par les autres. Le dénominateur commun est toujours le projet, ce que l'on escompte conduire ensemble dans le futur. Cette capacité à entrer en collectif passe par l'abandon d'une hiérarchie immuable d'ordre naturel et des configurations avec des rôles en relation avec les compétences et les envies des personnes. Pour autant, une relation « n, n » ne constitue pas une forme d'anarchie. Les acteurs en présence jouent des rôles bien précis, qui s'établissent en fonction de leurs compétences mais aussi de l'investissement qu'ils sont prêts à consentir. La réalisation d'un projet, quel qu'il soit, nécessite un investissement fort et soutenu de quelques-uns afin de rythmer et de « pousser » le collectif. Les autres ne sont toutefois pas relégués à un rôle subalterne, mais assurent un rôle de contribution, avec un partage collectif des gains en fonction du temps et de la compétence des uns et des autres. Dans ce mode de fonctionnement, il est très important de définir à un moment donné le « qui fait quoi » et les règles de rétribution des uns et des autres, même si au début il faut laisser un peu de souplesse pour que puissent émerger les différents rôles. Ainsi, il est possible de participer à de multiples projets sans obligatoirement devoir y consacrer toute son énergie. C'est en fonction de ses envies et contraintes que l'on peut décider d'en privilégier certains. S'il n'existe pas de règles à proprement parler, l'observation des milieux professionnels montre qu'il est difficile de mener simultanément plus de deux projets et de participer de manière active à plus de dix. Dans le contexte d'emballement actuel et de multi-opportunités, le mode « n, n » apparaît comme une forme d'organisation à développer à condition d'abandonner le registre relationnel « 1, *n* » plus traditionnel et mieux connu.

Apprentissage simple boucle et apprentissage double boucle

Argyris et Schön (2002)[1] définissent l'apprentissage comme un processus permettant de détecter et de corriger les erreurs, lesquelles représentent l'écart entre les conséquences attendues des actions engagées et leurs résultats réels. La correction de ces erreurs peut produire deux types d'apprentissages en fonction de l'endroit où l'on agit sur le cycle lui-même.

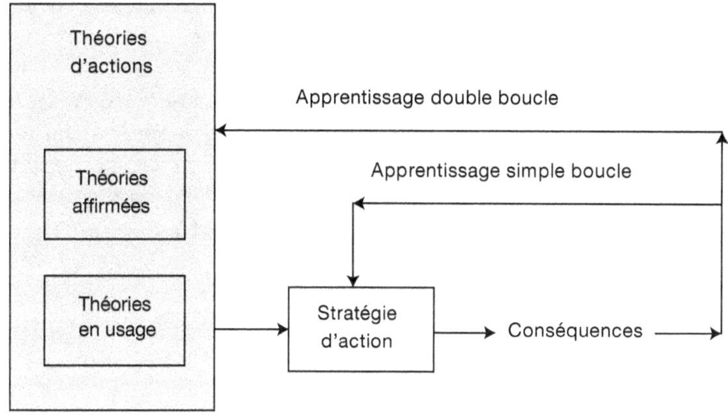

Source : adapté de Argyris et Schön (2002 : 44-45)

Apprentissage en simple boucle et apprentissage en double boucle

Dans le schéma ci-dessus, les théories d'action (composées des « théories affirmées » et des « théories en usage[2] ») se définissent comme un ensemble de connaissances organisationnelles, qui peuvent être assimilées à des convictions guidant les actions des individus et des organisations. Ainsi, « face à une situation donnée,

---

1. ARGYRIS C., SCHÖN D., *Apprentissage organisationnel : Théorie, méthode, pratique*, Éditions De Boeck Université, Bruxelles, 2002.
2. Les concepts de théories affirmées et de théories en usage sont abordés plus bas.

une entreprise puise dans ses paradigmes de base, tirés de ses valeurs directrices, pour produire une stratégie capable selon elle d'atteindre le résultat souhaité » (Argyris et Schön, 2002 : 35). Les théories d'action constituent donc le socle des stratégies d'action engagées par les individus. Ces théories, propres à chaque être humain et à chaque organisation, sont enregistrées dans leur mémoire. Ainsi, pour diagnostiquer un problème, inventer ou encore évaluer une solution, l'individu ou l'organisation mobilise ses théories d'actions puis en extrait des plans d'action qui lui indiquent comment opérer.

Dans un service informatique, par exemple, les informaticiens peuvent affirmer que « le plus important, dans un système d'information, c'est qu'il soit techniquement fiable », ou encore que « dans un projet informatique, il y a toujours un cahier des charges, avec une définition technique, des livrables, des coûts et des délais à respecter ». Ces deux remarques traduisent deux théories d'action : l'importance de la dimension technique et l'importance du respect des obligations d'un projet informatique. Ce sont ces mêmes théories qui, lorsqu'ils se trouvent confrontés à un problème lors du déploiement d'un nouveau système d'information, guident leurs stratégies d'action : avoir un système techniquement fiable tout en respectant les obligations du cahier des charges. En les suivant, les informaticiens écartent d'autres solutions possibles, comme par exemple rendre plus ergonomique le système pour les utilisateurs, ou bien simplifier ou supprimer certaines fonctionnalités du système pourtant prévues dans le cahier des charges.

Les différentes dimensions constituant les niveaux d'apprentissage ainsi posées, Argyris et Schön expliquent que l'apprentissage est susceptible de s'opérer lorsque l'individu est en mesure de constater l'écart entre les effets escomptés des stratégies d'action et les résultats réels des actions engagées. L'apprentissage simple boucle se produit lorsque face à un écart, l'individu modifie sa façon d'agir et son comportement (donc les stratégies d'action) sans modifier les valeurs directrices qui lui ont servi à produire ses actes. Cet apprentissage est axé sur l'obtention de résultats : « il s'agit d'atteindre au mieux les objectifs existants, en maintenant la performance organisationnelle dans les limites fixées par les valeurs et les normes en vigueur » (Argyris et Schön, 2002 : 45). L'apprentissage double boucle, quant à lui, remet en cause les théories d'action. Il intervient lorsque la correction des erreurs requiert une investigation plus profonde, bouleversant les normes et valeurs de l'individu et de l'organisation.

Pour expliquer la différence entre l'apprentissage simple boucle et l'apprentissage double boucle, Argyris (1995)[1] utilise la métaphore du thermostat. Selon que ce dernier constate une baisse ou une hausse de la température dans une pièce, il enclenche le chauffage ou au contraire l'arrête. Le thermostat permet ainsi d'adapter la chaleur à un niveau prédéfini, sans remettre en cause ce niveau prédéfini ni la façon de chauffer la pièce. L'apprentissage est alors en simple boucle. Pour sa part, l'apprentissage double boucle nécessite de s'interroger sur le niveau prédéfini de la température (ce niveau est-il adapté à la taille de la pièce, à la nature des matériaux isolants, à la saison, etc. ?) et/ou sur le mode de chauffage (est-il le mieux adapté à la taille de la pièce, à la nature des matériaux isolant, à la saison, etc. ?).

Pourquoi l'apprentissage double boucle est-il indispensable au changement ? Selon Argyris, l'apprentissage simple boucle, s'il peut améliorer une situation, n'est pas suffisant pour modifier en profondeur les individus et les organisations. En citant l'exemple d'une entreprise qui, confrontée à des problèmes d'innovation, a réussi à relancer le taux d'innovation en constituant une cellule de réflexion, Argyris (2002) explique que le véritable problème n'a pas été résolu. La situation était connue des salariés depuis un certain temps et rien n'avait été engagé afin de la résoudre. Au total, l'apprentissage réalisé par l'organisation (apprentissage simple boucle) a favorisé le développement de l'innovation, mais n'a pas permis de comprendre pourquoi cette situation n'avait pas été dénoncée plus tôt. Argyris estime alors que le problème est susceptible de se poser à nouveau à tout moment, le changement opéré n'ayant pas permis d'augmenter durablement les performances de l'organisation.

Être en mesure de développer l'apprentissage double boucle est donc essentiel pour favoriser le changement dés individus, mais aussi des organisations, puisque cet apprentissage agit directement sur les théories d'action. Et pourtant, pour Argyris (2002), l'apprentissage simple boucle est plus souvent accompli que l'apprentissage double boucle.

---

1. ARGYRIS C., *Savoir pour agir : surmonter les obstacles à l'apprentissage organisationnel*, InterÉditions, Paris, 1995.

03 {.part-number}

Bonnes pratiques pour animer les réseaux apprenants

Cette troisième partie traite de conseils pratiques pour mettre en place et animer des réseaux apprenants. L'expérience significative de la SNCF en la matière, illustrée par plusieurs exemples dans la première partie, nous permet d'avancer certains points saillants comme autant de gages de réussite d'un réseau apprenant.

Le travail d'interview mené auprès de participants, facilitateurs, animateurs et sponsors des principaux réseaux apprenants à la SNCF nous a permis de faire émerger plusieurs grandes questions que ces derniers se posent pour initier, gérer et capitaliser un réseau apprenant.

Les principales préoccupations ont été regroupées en cinq interrogations, auxquelles nous proposons des éléments de réponse dans cette partie :

- Qui fait quoi dans un réseau apprenant ?

- Quelles sont les postures à adopter dans un réseau apprenant ?

- Comment développer la créativité et l'innovation avec les réseaux apprenants ?

- Comment créer du sens avec les réseaux apprenants ?

- Comment former les managers au management avec les réseaux apprenants ?

Les réponses à ces cinq questions constituent un socle méthodologique pour permettre à chacun d'expérimenter un dispositif de réseau apprenant.

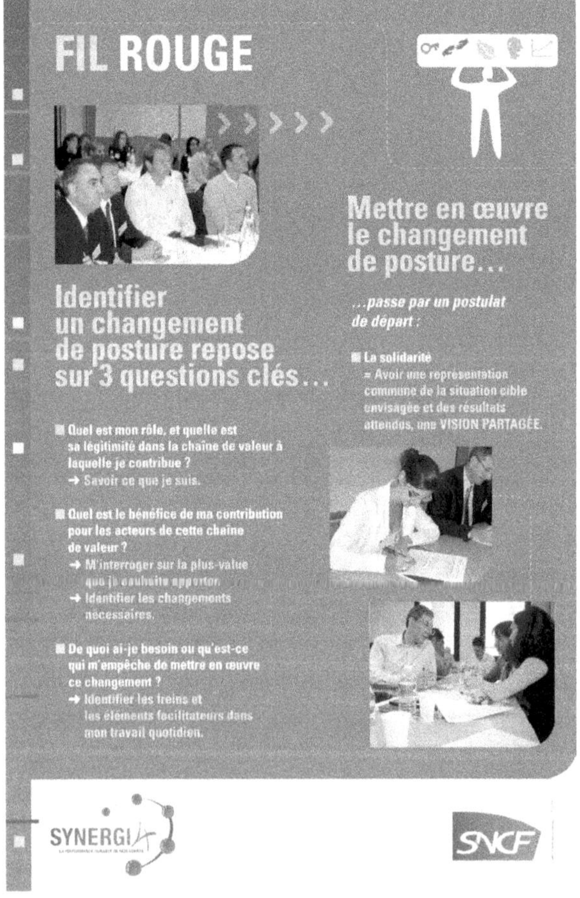

Animer les réseaux apprenants

Qui fait quoi dans un réseau apprenant ?

Un réseau apprenant fait intervenir différents profils de personnes dont les rôles théoriques dans l'organisation ne seront pas forcément dupliqués dans le réseau, mais avec lesquels il convient de composer. La cartographie suivante illustre les différents acteurs d'un réseau et leur rôle de manière dynamique.

Les parties prenantes

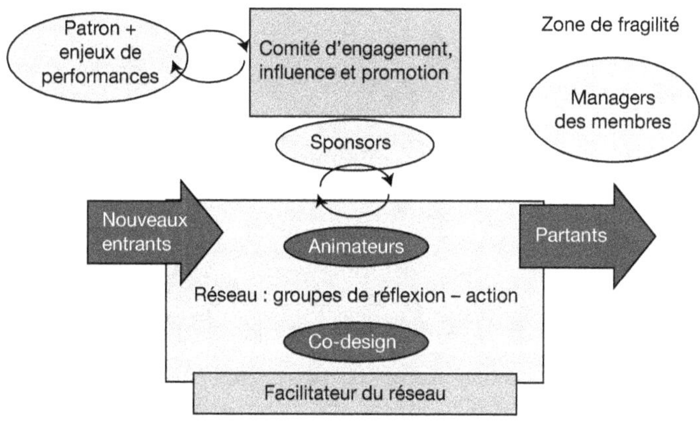

Les parties prenantes d'un réseau apprenant

Le dirigeant : accepter d'être challengé et de lâcher prise

Les réseaux apprenants, qu'ils soient structurels ou conjoncturels, doivent être dans les mains d'un manager ou d'un dirigeant et au service d'une performance.

La posture du dirigeant est essentielle. Il est lui-même dans un processus d'apprenance, son leitmotiv est « surprenez-moi, allez vers des chemins auxquels je n'aurais pas pensé ou sur lesquels je me serais autocensuré ». Il est alors est en plein « lâcher-prise ». Quoi qu'il en soit, il reste le patron du réseau apprenant et à ce titre, il peut refuser des propositions sous réserve de l'argumenter (proposition anti-stratégique, coût...).

Sans ce dirigeant et cet objectif de performance, le réseau reste dans le domaine de la communauté, c'est-à-dire une communauté d'acteurs (jeunes cadres, communauté métier, etc.) qui se réunissent essentiellement pour leur propre développement personnel.

Dans un réseau apprenant, les membres sont rebelles mais loyaux. C'est la différence entre un corsaire (fidélité au roi) et un pirate (il agit pour son propre compte).

Sans un enjeu de performance, le réseau périclite rapidement. En effet, tout ce qu'il produit à côté de la pure performance pour l'entreprise, à savoir la coopération, l'engagement ou la responsabilisation prise de manière isolée, ne sont pas des arguments suffisants face à une compétition exacerbée.

À la SNCF, les dirigeants ont également la possibilité de se retrouver dans le réseau des réseaux. Ce dernier, créé en février 2009, joue un rôle d'université virtuelle. Il donne le goût de se développer à travers des conférences et des lectures. C'est également un lieu d'échange de pratiques.

Le facilitateur, cheville ouvrière du réseau : faire que le réseau apprenant fonctionne

Sans le recours à un facilitateur interne qui consacre entre 30 et 50 % de son temps à cette mission, pas de réseau apprenant qui perdure.

Outre les missions logistiques qu'il peut par ailleurs déléguer, son rôle est comparable au « sensei[1] » des démarches de *lean management*.

Le facilitateur accompagne et forme les animateurs des différents groupes de réflexion/action : il les supervise. Il reste en contact permanent avec l'ensemble des parties prenantes du réseau apprenant (dirigeant, sponsors, membres mais aussi managers hors réseau apprenant des membres du réseau apprenant).

Pour développer leurs compétences, réaliser du partage de pratiques entre pairs et co-construire de nouveaux réseaux apprenants, les facilitateurs se retrouvent depuis octobre 2009 dans

---

1. Le « sensei », dans les démarches de *lean management*, est un guide qui permet de stimuler l'apprenti pour l'inviter à se questionner afin d'explorer de nouvelles possibilités *via* sa propre expérience (Mann, 2005).

un réseau apprenant intitulé Club des explorateurs. Aujourd'hui, ce terme « explorateurs » est largement dépassé dans la mesure où ces accompagnateurs du changement font beaucoup plus qu'explorer de nouvelles pistes : ils agissent et inventent de nouveaux outils de développement des managers, au titre desquels les TP2A*.

Les sponsors : challenger et influencer

Le dirigeant peut s'entourer de sponsors, c'est-à-dire de collègues ou collaborateurs qui acceptent de challenger les animateurs des groupes de réflexion/action. Il constitue alors un comité de sponsors (ou comité d'influence, comité de soutien ou bien encore Cair).

Le comité de sponsors se différencie du comité de pilotage par la posture de ses membres. Dans un comité de pilotage, on vient généralement chercher des autorisations *a priori*, tandis que dans un comité de sponsors, on vient se faire challenger voire présenter des thèmes avec des propositions de terrains d'expérimentation.

Les sponsors assurent plusieurs rôles :

- jouer l'interface permanente entre les groupes et le comité de sponsors ;

- apporter aux groupes des conseils et recommandations au nom du comité, entre deux réunions avec celui-ci ;

- aider les groupes à bien préparer les réunions avec le comité ;

- représenter l'intérêt des groupes au sein du comité ;

- aider les groupes à débloquer des situations ou à faire avancer des sujets qui nécessitent d'actionner des leviers hiérarchiques.

Comme les dirigeants, les sponsors des différents réseaux apprenants ont aussi la possibilité de se retrouver dans le *réseau des réseaux.*

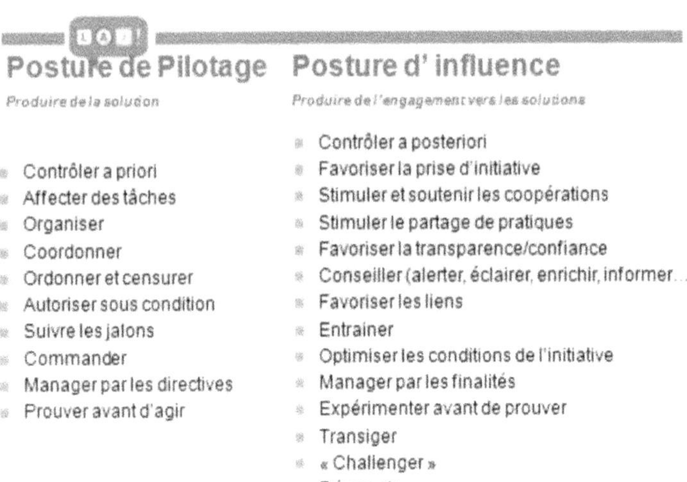

Les postures au sein d'un réseau apprenant

Les membres : devenir acteur de sa transformation

Les membres sont au cœur du réseau apprenant. Ils cheminent et produisent ensemble, au sein des groupes de réflexion/action.

Ils se retrouvent en inter-métiers. Ils ont des relations a-hiérarchiques et se challengent notamment sur leurs écarts de point de vue.

Le concept est celui du « volontariat suscité » : une réunion de présentation peut permettre de trouver des membres, mais il ne faut pas se priver de susciter des vocations *via* la ligne managériale.

Le membre se place alors dans une logique de « don contre don ». Le temps qu'il consacre au réseau apprenant s'ajoute souvent à son temps de travail quotidien. Mais chacun y trouve son intérêt en devenant acteur de son propre changement.

En outre, la participation à un réseau apprenant permet d'avoir accès à des sphères autres que celles dont on a l'habitude. Chacun se développe par le biais des conférences et des lectures qui lui sont proposées.

Le réseau apprenant est un organe vivant. Aussi importe-t-il d'accepter un certain turnover tout en conservant un noyau dur, indispensable. L'expérience à la SNCF montre que dans un réseau, 30 % des membres sont très engagés tandis que 30 % n'y participent que de loin. Le groupe peut être lui-même autorégulant. Un membre consacre sur l'année un jour/mois en moyenne au réseau apprenant auquel il participe.

Participants à un réseau apprenant

- **Les animateurs des groupes de réflexion/action : grandir et développer de nouvelles compétences**

Leur rôle est d'animer les débats au sein des groupes, de susciter l'envie, d'être à l'écoute. Ils assurent également la passerelle avec les sponsors.

Être animateur d'un groupe de réflexion/action, c'est aussi développer de nouvelles compétences (management en a-hiérarchie, management à distance, développement de soi...).

La différence entre l'animation d'un groupe projet et l'animation d'un groupe apprenant

GROUPE PROJET	GROUPE APPRENANT
L'animateur est le chef du projet.	L'animateur fait du management indirect : les participants sont sur un pied d'égalité.
Le projet est une obligation.	Chaque membre est volontaire pour s'investir dans un projet.
Le chef de projet pilote suivant un budget, un calendrier et un produit de sortie prédéfinis.	C'est le groupe qui définit le chemin à parcourir.
Le groupe se constitue autour de l'expertise et des compétences de chacun.	La constitution du groupe repose sur le goût et l'envie de chaque participant.

Un animateur consacre sur l'année deux jours/mois en moyenne au réseau apprenant.

Les animateurs sont formés à ce type particulier d'animation *via* un séminaire interne de deux jours en résidentiel, appelé TP2A (théories et pratiques d'animation apprenante). Cette méthode a été retenue pour participer au concours des Trophées Essec du changement 2013.

Les animateurs sont également supervisés par les facilitateurs du réseau apprenant.

- Pour les managers des membres du réseau apprenant qui ne sont pas eux-mêmes impliqués dans le réseau : le risque d'une zone de fragilité

Parmi les parties prenantes d'un réseau apprenant, le facilitateur doit également gérer les managers des membres actifs, les intéresser aux succès de leurs collaborateurs dans le réseau apprenant, leur faire prendre conscience des progrès collectifs et individuels de chacun.

Dans le cas contraire, ils pourraient se sentir « court-circuités ».

- Les bénéficiaires du réseau apprenant : une dimension de « co-design »

En 2013, certains réseaux apprenants de la SNCF (ceux de la direction des Achats ou de la région Paris Saint-Lazare notamment) ont eu la volonté de s'ouvrir à leurs clients finaux, les bénéficiaires du service. Ils ont ainsi pu construire de nouveaux produits ou services en lien avec les usages qu'en ont leurs bénéficiaires. Ces expérimentations sont à suivre.

Quelles sont les postures dans un réseau apprenant ?

La posture de participant à un réseau apprenant est structurante pour les échanges et les résultats qui en découleront. Le fait de participer à un réseau apprenant constitue déjà en soi une première forme de changement, car c'est opter pour des postures qui ne sont pas systématiquement présentes dans les fonctionnements collectifs hiérarchisés comme il en existe dans les grandes organisations. La posture peut se résumer par les cinq notions clés dans ce type d'interaction et qui sont :

- l'écoute ;

- la bienveillance ;

- le lâcher-prise ;

- le partage ;

- un climat de confiance à créer.

Ces cinq notions constituent ce que nous appelons une posture de cercle ouvert, propice à la coopération entre les personnes.

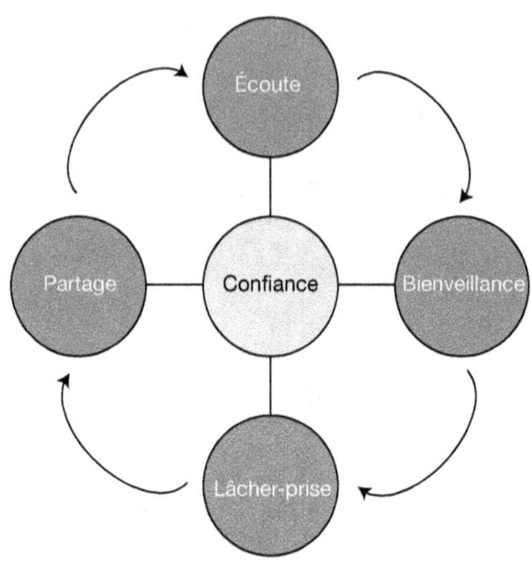

La posture de cercle ouvert

La confiance

« La confiance est le résultat d'un comportement juste, éthique, qui respecte le droit et les intérêts d'autrui. »[1] Nous parlons de confiance interpersonnelle lorsqu'une relation de confiance s'établit entre les personnes. Elle s'articule avec l'action de transparence, qui s'apparente au fait de ne pas cacher les choses. Pour que cette confiance s'établisse et perdure, elle doit nécessairement être mutuelle. En effet, faire confiance signifie se mettre dans une position de vulnérabilité en se fiant à l'autre. C'est s'exposer en nourrissant la croyance que l'autre n'essaiera pas de profiter de la situation. Si l'une des parties ne respecte pas ce « contrat », la confiance se fragilisera. C'est une posture multidimensionnelle. Cela signifie qu'une fois sa confiance accordée, celle-ci n'est pas absolue : il est possible de faire confiance à une personne sur un sujet dans un contexte particulier, mais pas sur un autre sujet.

Sans confiance, les réseaux apprenants n'existeraient pas – pas plus que la coopération qu'ils impliquent. Faire confiance à son collectif

---

1. HOSMER L., « Trust: the connecting link between organizational theory and philosophical ethics », *Academy of Management Review*, 20(2):379-403, 1995.

de travail n'est pas inné. Si les personnes se font confiance, c'est qu'elles y trouvent un plus. Se faire confiance permet de s'appuyer sur l'expertise de chacun. Ainsi, les uns et les autres ont la possibilité d'apporter leur contribution tout en ayant un regard critique sur elle, pour avancer ensemble, avec une matière ou une méthode plus riche, plus efficace. La posture du manager est un facteur clé dans l'établissement d'un climat de confiance. Cette dernière, qui constitue une posture non naturelle dans le travail, ne peut se construire que par des démonstrations, des preuves qui s'accumulent au fur et à mesure, autour d'enjeux de travail et sans dessein.

Nous considérons la confiance comme un facteur clé dans les postures de lâcher-prise, de partage, de bienveillance et d'écoute. C'est bien parce qu'une telle confiance existe que chaque acteur d'un réseau est disposé à écouter activement, à être bienveillant, à partager et à lâcher prise. Et réciproquement, c'est le fait d'adopter ces postures qui fait naître et renforce cette confiance.

Le lâcher-prise

Dans le bouddhisme, la notion d'équanimité symbolise la capacité de détachement par rapport à une situation, un sentiment ou une émotion, de telle manière que celui qui la vit ou la ressent soit en mesure de les regarder avec du recul. Peut-être plus encore dans la sphère professionnelle que dans notre environnement personnel, nous avons du mal à « lâcher prise » – souvent par peur de nous entendre reprocher le fait de ne pas savoir où nous allons, ou que tout n'est pas « sous contrôle ». L'équilibre individuel passe pourtant par des moments de lâcher-prise pour faire entrer de nouvelles expérimentations qui viendront enrichir la base de règles existantes.

La volonté de contrôle est à la fois sécurisante et restrictive. Sécurisante car elle nourrit une impression de contrôle sur les événements, mais restrictive car elle porte un risque de surcharge de travail et de fermeture à des possibilités imprévues. Il faut savoir être rigoureux mais également, à certains moments, se laisser porter par les événements afin de pouvoir en profiter pleinement sans les contraindre par une logique qui n'est pas toujours la bonne. Il s'agit de laisser de côté ses algorithmes de rationalité personnelle pour se laisser porter par le moment, et ainsi découvrir de nouvelles manières d'être et de penser. De plus, dès lors que le lâcher-prise laisse une place au hasard, nous ne sommes jamais à l'abri d'une bonne surprise ! C'est notamment ce hasard qui favorise l'innovation[1].

Le partage

Bien qu'un travail puisse n'être initié que par une personne, son enrichissement, sa validation et sa finalisation nécessitent une démarche collective dans le respect des contributions individuelles. Le fonctionnement collectif est très souvent négligé car il induit un coût de coordination direct et indirect : d'une part, formaliser les éléments nécessaires à la coordination et formaliser le temps nécessaire à l'échange et à la proposition prend du temps – c'est un coût direct ; d'autre part, de manière plus indirecte, prendre sur soi pour accepter de rendre publique une production individuelle avec le risque de se voir critiquer constitue un coût affectif.

Les relations humaines produites pour un fonctionnement collectif nécessitent un investissement affectif avec les personnes et impliquent de travailler avec des personnalités différentes de la sienne. Le coût du collectif est-il compensé par un gain qualitatif de production ? Dans une logique d'investissement, la mise en collectif représente un coût à court terme mais un gain à moyen/long terme. Ce différentiel de gain et les difficultés supplémentaires d'un fonctionnement collectif conduisent à ce que beaucoup préfèrent limiter les échanges en privilégiant la finalisation plutôt que l'enrichissement. La solution réside alors dans l'alternance de moments de production individuelle et d'enrichissement collectif, *via* le développement d'une capacité relationnelle à construire des réseaux de partenaires.

Aussi individuelle qu'elle puisse paraître, une production ne peut être l'œuvre de l'individu qui en est porteur : son inspiration ainsi que les forces de travail et les ressources mobilisées sont les fruits d'autres personnes, au moins en partie. À cet égard, Albert Einstein lui-même affirmait qu'il n'aurait jamais pu élaborer la théorie de la relativité sans les travaux en statistique et probabilité de Pierre-Simon de Laplace. Aujourd'hui pourtant, tout notre système de formation ainsi

---

1. « Le hasard ne favorise que les esprits préparés », Louis Pasteur.

que les modes de valorisation en entreprise sont individuels, alors que rien ne se crée sans fonctionnement collectif.

La bienveillance

La bienveillance vise à comprendre l'autre et à expliquer ses motivations. Même si certains agissements peuvent paraître contraires à ce que nous jugeons comme bien, il s'agit de comprendre les raisons de ces mêmes agissements et d'argumenter en fonction de ces derniers. Des solutions évidentes peuvent être refusées par les personnes qui peuvent les porter car cela touche directement ce que l'on appelle leur raison d'être, leurs valeurs, leurs centres d'intérêts et leurs principes. Toute proposition n'étant pas en relation avec les points d'accroche précédents sera refusée ou bien ignorée. Tout individu se construit un prisme d'intérêts et aura tendance à sélectionner ce qui rentre dans ce prisme de manière plus ou moins absolue en fonction des personnes. Toute innovation pourra se voir rejetée. Seul un travail de traduction par rapport aux intérêts des personnes concernées lui permettra d'être admise. Il faut comprendre les intérêts du moment et/ou des personnes et avoir une idée du temps nécessaire pour que l'idée fasse son chemin. Cela peut être immédiat ou durer entre trois et six mois, ou plus encore. Ce temps d'incubation doit être envisagé et intégré aux différents projets de changement pour que ces derniers réussissent. Cela consiste à envoyer de multiples signaux qui vont se propager et faire converger vers un projet de changement. Dans les réseaux apprenants, cette bienveillance s'accompagne d'exigence.

L'écoute

La communication serait-elle devenue aussi unilatérale que peuvent le laisser penser certaines situations ? La communication aurait-elle été préemptée par ceux qui désirent l'instrumentaliser, comme un outil faussement participatif ? Sans être par trop dialectique, il préexiste, dans un certain nombre de cas, une impression de non-écoute et de non-échange. Faire preuve d'une écoute active, c'est non seulement recevoir les paroles et les informations exprimées par son interlocuteur, mais c'est aussi être dans la restitution, afin que ce dernier soit assuré qu'il est lui aussi entendu, écouté et compris. Le curseur est souvent difficile à placer entre l'obligation d'agir et la participation des uns et des autres. Dans tous les cas, il apparaît important de créer des tribunes d'expression avec un double enjeu d'information et de participation. Le succès des sites Internet communautaires regroupés sous l'appellation Web 2 n'est-il pas une expression de ce besoin ? Le risque de ce type d'échanges est toutefois de confondre le particulier et le général, l'anecdotique et le vérifié. Entre l'injonction descendante et la démocratie participative, il existe un monde d'interactions à construire pour que l'expression individuelle soit simultanément un enrichissement collectif et un moyen d'existence individuel : « Je parle et je suis écouté, donc je suis. »

Interactions entre membres d'un réseau apprenant

À titre d'exemple, un chef de service avait un jour décidé de faire parler ses collaborateurs lors de la réunion du lundi matin, profitant ainsi des thèmes présentés pour délivrer des informations. Subitement, la réunion ennuyeuse du lundi matin est alors devenue une manifestation plébiscitée par l'ensemble des participants.

Des postures pour coopérer

L'entreprise vit actuellement une double révolution. La première est celle de la performance, avec le souci de l'innovation à coûts maîtrisés. La seconde réside dans la capacité à créer des environnements de bien-être. Ces deux révolutions ont un dénominateur de réussite commun : la coopération. Pour innover, les salariés ont besoin de se sentir reconnus et de manifester une énergie positive qui permet de faire bouger les lignes.

Pour Georg Simmel[1], la coopération entre les personnes se manifeste lorsqu'il existe des intérêts convergents et une appréciation entre les participants (voir figure ci-dessous). Ce même auteur différencie la coopération de deux autres formes de « travailler ensemble » que sont la collaboration et la coordination. Dans nombre d'organisations, les manières de travailler revêtent des formes de collaboration – avec des phénomènes de concurrence interne –, ou de coordination – souvent suite à une perte de repères institutionnels et culturels.

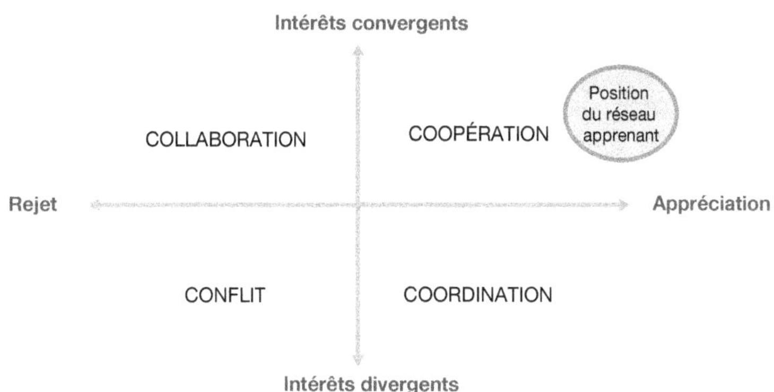

Posture de coopération au sein d'un réseau apprenant

De manière concrète, l'appréciation entre les membres se travaille par de multiples échanges en relation avec les pratiques. Les techniques de co-développement et de réseaux apprenants constituent des alternatives intéressantes aux formations classiques. La

---

1. Simmel G., *Le Conflit*, Circé, 1995.

convergence des intérêts n'étant pas naturelle, elle doit également se travailler. Les projets d'entreprise marquent tout autant les investissements industriels et de marché que la dynamique collective et l'affirmation des fondements du collectif. À la croisée de la convergence des intérêts et de l'appréciation se trouvent les salariés, qui doivent tout autant incarner ces notions que les rendre concrètes au quotidien avec leurs proches collaborateurs. Il n'existe pas de bonne parole coopérative qui viendrait d'en haut, mais des actes quotidiens qui font sentir que quelque chose de fort et d'important est en train de se passer.

Comment développer la créativité et l'innovation avec les réseaux apprenants ?

La créativité et l'innovation apparaissent comme des maîtres mots du XXIe siècle dans un univers fortement concurrentiel où la nécessité de se démarquer de ses concurrents devient la condition de survie. Et parce que les réseaux apprenants sont au service de la performance de l'entreprise, il leur incombe de développer la créativité de tous, dans un objectif d'innovation – non pas au sens de grandes ruptures technologiques mais plus de ce que le sociologue français Norbert Alter (2005)[1] appelle « l'innovation ordinaire ».

L'innovation ordinaire

Pour Norbert Alter, l'acte d'innover est banal en ce qu'il s'inscrit dans la pratique quotidienne des individus. Cet acte ordinaire suppose toutefois de transgresser certaines règles établies ainsi que l'ordre social. Il s'oppose en cela à la rationalisation du travail. Cette idée est particulièrement présente au sein des réseaux apprenants, identifiés comme des lieux où les règles classiques de l'entreprise (respect des procédures, respect de la hiérarchie, etc.) peuvent être dépassées dans la mesure où cette transgression permet d'inventer des solutions nouvelles à des problèmes complexes non résolus jusqu'ici.

---

1. ALTER N., *L'innovation ordinaire*, Paris, PUF, 2005 (2e édition).

Pour Norbert Alter, être en mesure d'innover dans une entreprise nécessite de dépasser l'opposition entre la logique de la règle et celle de l'innovation. Pour cela, l'innovation doit s'inscrire dans une activité collective, quotidienne et banale, permettant d'intégrer quotidiennement des capacités d'innovation. Là encore, on retrouve les principes de fonctionnement du réseau apprenant : l'activité collective à la base du fonctionnement des réseaux, qui repose sur un partage et une réflexion inter-métiers, est poussée par la mise en œuvre d'expérimentations pour tester les nouvelles idées et les confronter à la réalité du terrain.

Toutefois, parce qu'il est banal et qu'il prend sa source dans les pratiques des individus, le processus d'innovation requiert un certain temps. Ce temps est nécessaire tant à la réflexion collective qu'à l'expérimentation. Il est primordial pour les participants que ce temps passé au sein des réseaux puisse aboutir sur des actions concrètes.

Le réseau apprenant a ainsi le mérite de replacer l'innovation et la créativité au cœur de l'entreprise et de son fonctionnement, en les faisant sortir du cercle bien fermé de la R & D (recherche et développement) ou de la direction. C'est en la repositionnant au cœur des métiers que l'innovation reprend tout son sens comme le souligne Caron (1997 : 40, cité par Norbert Alter, 2005 : 37[1]) : « Un certain nombre d'innovations ont eu pour origine une idée proposée par un travailleur manuel, au contact des difficultés quotidiennes de la production. Les artisans et ouvriers d'atelier jouèrent un rôle essentiel dans les premiers développements d'industries telles que celles de la bicyclette ou de l'automobile [...]. Mais la créativité ouvrière reste largement ignorée par les historiens des techniques. »

La richesse de l'intelligence collective pour innover

Innover, c'est construire ensemble. Norbert Alter (2005) considère en effet que la logique de l'innovation repose sur un groupe d'acteurs dont la force se trouve dans sa capacité d'alliance, avec un réseau de professionnels ou toute personne souhaitant à un moment donné transformer l'ordre établi. Cette force d'alliance est bien présente

---

1. *Op. cit.*

au sein des réseaux apprenants qui, en se reposant sur quelques personnes, pousse le groupe ou le collectif vers l'innovation. Il suffit parfois d'une personne ou d'une idée pour lancer le groupe tout entier vers la créativité. Cette richesse du collectif constitue l'essence même de l'apprenance, en inscrivant l'ensemble des membres dans une dynamique d'apprentissage. Cet apprentissage en équipe cher à Peter Senge met l'accent sur l'intelligence collective, sur la conjugaison des talents individuels et sur leur complémentarité. Il renforce la cohésion et, de ce fait, l'unité d'action. L'équipe oriente alors ses efforts dans une même direction pour agir comme « un seul homme ». Cet apprentissage en équipe développe la capacité du collectif à produire des solutions attendues par chaque membre.

Mais pour qu'il soit effectif, l'apprentissage nécessite aussi que chaque membre de l'équipe puisse s'exprimer. C'est à l'animateur du groupe de travail que revient le rôle de gérer la discussion et de favoriser la levée des réticences de certains à prendre la parole devant le collectif. En libérant les énergies positives pour nourrir la réflexion collective, l'animateur permet de dépasser les barrières à l'apprentissage et de renforcer la cohésion du groupe grâce à l'établissement d'un espace sécurisé que chacun doit respecter. Entre alors en jeu la force des interactions entre les membres, qui permettent non seulement de construire une vision commune du problème, mais aussi de donner un sens aux réflexions. Cette capacité à dialoguer, à échanger des idées et à partager des réflexions est reconnue par les membres des différents réseaux. Mais plus encore, cette force du collectif les pousse à aller au-delà et à exprimer leur opinion ouvertement en dehors du réseau. La parole est alors libérée et le poids de la hiérarchie diminué.

L'expérience de la région Haute-Normandie est, à ce titre, exemplaire. La démarche inter-métiers lancée en 2010 avait pour ambition première de favoriser le dialogue entre les métiers pour trouver des solutions innovantes à des problèmes qui n'avaient pu être résolus jusqu'alors compte tenu du cloisonnement de la direction Haute-Normandie. S'inscrire dans une démarche de réseau apprenant a permis à ses membres de prendre conscience de l'intérêt qu'il y avait à accorder à leur opinion et, du même coup, a permis de libérer la parole. Conscients qu'ils pouvaient s'exprimer et être écoutés par leur hiérarchie et leur direction, ils n'ont pas hésité, lors de la mise en place de la démarche « Demain Haute-Normandie », à faire des suggestions pour améliorer la mise en application de cette nouvelle démarche.

La démarche Haute-Normandie a été impulsée par la direction dans le cadre d'une démarche plus globale concernant l'entreprise, visant à préparer la transformation liée à l'ouverture à la concurrence. Elle avait pour objectif de replacer les managers de première ligne (DPX) au cœur du dialogue social, tout en faisant réfléchir les différents acteurs aux évolutions à venir de leurs métiers. Cette démarche s'appuyait sur une méthodologie élaborée par la direction générale, des règles d'animation et des outils spécifiques. Les DPX qui avaient participé au réseau apprenant ont alors manifesté leur envie de créer leurs propres outils d'animation, afin de mieux s'approprier la démarche et la faire vivre auprès des agents concernés. Ils en ont fait part à leur direction, qui a ensuite négocié avec la direction générale la possibilité pour les DPX de construire leurs propres outils d'animation. Ceux-ci n'auraient jamais pris cette initiative s'ils n'avaient pas auparavant appris à le faire lors de la démarche apprenante inter-métiers.

L'innovation par l'expérimentation

Le propre des organisations apprenantes et donc des réseaux apprenants est d'expérimenter. Cette expérimentation permet de tester la faisabilité de la solution et de l'ajuster si nécessaire, comme le souligne l'exemple de l'évaluation des managers. Un groupe de travail du réseau SynergiA de la direction des Achats avait élaboré une grille d'auto-évaluation. Conçue comme un moyen pour le manager de tester ses aptitudes de management auprès de ses collègues et collaborateurs, cette grille visait à mettre en évidence les écarts entre ce que les managés disaient de leur manager et ce que pensait le manager de lui-même. La mise en évidence de ces écarts permettait ensuite au manager de corriger ses attitudes. Au cours de cette expérimentation, il s'est avéré qu'un des managers n'avait pas bien compris l'utilisation de la grille. Le groupe a donc décidé de travailler sur une charte d'utilisation de l'outil. Cet exemple montre combien l'expérimentation fait partie intégrante du processus d'apprentissage, élément central des réseaux apprenants.

Au-delà du test, l'expérimentation oblige à développer la pensée systémique (l'un des piliers de l'apprenance identifiés par Peter Senge[1]). Elle permet effectivement d'évaluer les conséquences de nos actes et de nos décisions sur le système que représente l'organisation. En ce sens, elle évite de prendre des décisions trop rapides qui consisteraient à trouver des solutions traitant les symptômes visibles d'un problème sans pour autant résoudre le problème lui-même. La pensée systémique donne à voir les phénomènes dans leur intégralité, en étudiant les inter-relations plutôt que les éléments individuels, en observant et en analysant à la fois les effets et les conséquences des actions.

L'expérimentation est également essentielle à l'innovation : pour devenir innovation, l'invention de départ doit être expérimentée et pratiquée. Ce qui permet à une invention de se transformer progressivement en innovation est « la possibilité de la réinventer, de lui trouver un sens adapté aux circonstances spécifiques d'une action, d'une culture ou d'une économie » (Alter, 2002 : 18). Comme le souligne également l'écrivain français Bruno Jarrosson, « la créativité et la mise en œuvre d'idées nouvelles débutent par des actes, c'est-à-dire des mises en situations plutôt que par des discours »[2]. Cette mise en œuvre est essentielle au sein des réseaux apprenants et intervient dans un premier temps par le biais de l'expérimentation des solutions proposées par les groupes de travail.

Ainsi, le groupe Tranquillité du réseau apprenant L, A, J a travaillé sur l'idée d'un brassard fluorescent permettant aux usagers d'aisément identifier un agent SNCF. Au départ, ce brassard avait été pensé pour identifier un agent qui venait porter secours à un collègue en difficulté dans un train ou dans une gare, afin de légitimer sa présence. L'expérimentation a été testée auprès d'agents volontaires. Leur retour positif a alors amené les prestataires de services de la SNCF (maîtres-chiens, agents d'entretien, etc.) à demander à porter eux aussi ce brassard, afin d'être identifiés eux aussi. Ce brassard les a rendus visibles vis-à-vis de la clientèle, qui a pu prendre conscience de l'existence de corps de métiers qui, sans appartenir directement à la SNCF, concourent à la réalisation de son offre de service de qualité.

---

1. *Op. cit.*
2. Jarrosson B., *100 ans de management*, 1999, Dunod, Paris (p. 92).

L'importance du « lâcher-prise »[1]

Il arrive que le rôle d'innovateur, confié aux opérationnels, ne soit pas toujours rempli dans la réalité. Comme le souligne Norbert Alter (1990), certains acteurs ne sont pas capables de prendre de l'autonomie, c'est-à-dire d'agir par eux-mêmes en se gouvernant par leurs propres lois. Or cette autonomie est indispensable pour que les acteurs puissent inventer des solutions nouvelles à des problèmes opérationnels.

Ce lâcher-prise est nécessaire au fonctionnement du réseau, comme le résume un membre de la direction des Achats : « C'est de l'humain, cela ne se traduit surtout pas par les chiffres. Cela se traduit en prise de risque, en lâcher-prise... Quand on vient dire qu'on va prendre des risques, ce n'est pas uniquement sur notre métier. Cela devient, de manière générale, "Je sais prendre un risque. Je suis sorti de la posture : je suis là pour appliquer un règlement. Je suis passé dans la posture : je suis là pour optimiser mon boulot dans toutes ses dimensions". »

Si cette prise de risque est importante pour les membres du réseau, elle doit aussi s'accompagner d'un lâcher-prise de la part des managers et de la direction. En effet, dans la démarche réseau, il est primordial que ces derniers soient en mesure de manifester leur confiance en leurs collaborateurs, pour que ces derniers se sentent à leur tour en mesure de prendre des risques. Avoir la capacité de donner de l'autonomie, c'est prendre des risques soi-même, car il faut donner des marges de manœuvre aux membres du réseau pour qu'ils puissent exprimer toute leur créativité. Comme l'affirme un des membres : « L'apprenance est sur un postulat très simple, il faut prendre son temps, il ne faut pas aller trop vite. Après, c'est une sorte de contrat, c'est-à-dire de bien préciser la marge de manœuvre dont on dispose tout en cadrant le sujet pour éviter de partir n'importe où. Lorsque la marge de manœuvre existe, même petite, on peut considérer cela comme de l'apprenance. Il faut toujours une marge de manœuvre. Je crois qu'on ne perd jamais de temps quand on met les gens autour de la table pour valider, confirmer et échanger sur une éventuelle solution. Et si les gens autour de la table sont

---

1. « Une personne qui n'a jamais commis d'erreurs n'a jamais tenté d'innover », Albert Einstein.

d'accord avec tout, cela peut être très rapide. » Cette remarque souligne aussi le fait qu'il ne s'agit pas d'abandonner les membres du réseau apprenant en les laissant s'orienter dans une direction sans issue – ce qui les découragerait –, mais bien de les aider, de les soutenir dans leurs réflexions ou de les alerter quand celles-ci s'orientent vers des chemins trop sinueux ou complexes, ne permettant pas de mettre en œuvre une solution opérationnelle. Cette lourde tâche est confiée aux membres du Comité d'influence qui, comme nous l'avons mentionné, ont pour mission de cadrer la réflexion des membres du réseau, mais aussi de valider et de faciliter la réalisation des expérimentations proposées par les membres.

Ce « lâcher-prise » entraîne nécessairement un changement de posture de la part des salariés, des managers et de la direction. Et ce changement est réel au sein des réseaux apprenants, comme le met en évidence un membre du comité d'influence du réseau SynergiA : « Oui, je pense que c'est important qu'il y ait un livrable. Je pense qu'on ne peut pas seulement être juste ensemble pour discuter et échanger sur comment modifier son mode de pensée et de management. Il faut se créer un objectif commun – et, pour être honnête, au départ on ne leur avait pas dit que l'objectif sous-jacent était le changement de comportement ; ils l'ont donc découvert petit à petit. Au départ, nous avions plus axé sur : "Vous avez trouvé des super projets et vous allez mettre en œuvre". Et après, on leur a dit "au fait, n'avez-vous pas changé de comportement ?". Certains s'en sont rendu compte, mais à la limite ce n'était pas très grave s'ils se rendaient compte ou pas, l'important c'est qu'ils l'avaient fait. »

Ce changement de posture des membres amène également la ligne hiérarchique à faire évoluer sa façon de manager. Elle doit apprendre à donner plus d'autonomie à ses collaborateurs, à les laisser prendre des initiatives, et plus encore à les soutenir dans la réalisation de ces initiatives. Il est vrai qu'aujourd'hui, force est de constater que les managers participant au réseau apprenant commencent à transformer leur façon d'agir avec leurs collaborateurs. Ce changement est plus difficile chez ceux qui n'ont pas participé au réseau apprenant, plaçant leurs collaborateurs membres d'un réseau apprenant dans une situation parfois frustrante : celle d'avoir envie de proposer des idées nouvelles tout en appréhendant de ne pas être écouté par leur manager.

Les paragraphes ci-dessus ont permis de comprendre la façon dont les réseaux apprenants permettent de contribuer au développement de la créativité et de l'innovation au sein de la SNCF. Ils donnent aussi à voir les points d'appuis de cette démarche apprenante, ainsi que les bénéfices que peuvent en retirer aussi bien les participants que l'ensemble de l'entreprise.

Dans les paragraphes ci-après, nous franchirons une étape supplémentaire en montrant comment les réseaux apprenants favorisent le développement individuel et la qualité de vie au travail.

Comment créer du sens avec les réseaux apprenants ?

Dans leur ouvrage *Manager par le sens*, Autissier et Wacheux (2007[1]) mettent en évidence le sentiment grandissant de délitement et de dégradation du sens que nourrissent les salariés français – et ce, quelle que soit la catégorie professionnelle à laquelle ils appartiennent. Ils ne parviennent plus à concilier la dimension humaine de leur travail avec les exigences de performance de leur entreprise. Cette perte de sens se traduit dans bien des cas par une démotivation progressive, une passivité, suivies d'un désengagement des salariés et, à l'extrême, par le *burn-out*.

Le réseau apprenant permet de reconstruire du sens autour d'un collectif et favorise ainsi l'amélioration de la qualité de vie au travail, tout autant par les interactions qu'il propose que par les innovations qu'il produit.

Donner du sens ou manager par le sens

Karl Weick[2], dont les travaux de recherche portent essentiellement sur la création de sens, place cette dernière au cœur de la résilience des équipes et plus généralement des organisations. Dans un article

---

1. Autissier D., Wacheux F., *Manager par le sens : les clés de l'implication au travail*, Eyrolles, Paris, 2007.
2. Weick K.-E., « The Collapse of Sense-Making in Organizations: The Mann Gulch Disaster », *Administrative Science Quarterly*, vol. 38: 1993: 628-653.

dans lequel il étudie comment un groupe de pompiers n'a pas été en mesure de faire face à un incendie, entraînant la mort d'une majorité d'entre eux, il identifie un certain nombre de moyens permettant de reconstruire du sens. Or force est de constater que les réseaux apprenants favorisent le développement de ces moyens et, par là même, la construction de sens.

Tout d'abord, les réseaux apprenants favorisent ce que Karl Weick appelle « les interactions respectueuses ». Celles-ci se développent lors de travaux collectifs et d'échanges entre membres au sein d'un même groupe ou entre groupes, ainsi que lors d'échanges ouverts avec la ligne hiérarchique (par l'intermédiaire du Comité d'influence). Elles permettent aux individus d'apprendre à travailler avec les autres et d'interagir librement, mais elles favorisent aussi le développement d'une confiance mutuelle et surtout de la confiance de la hiérarchie envers ses collaborateurs. Cette confiance constitue un levier puissant de création de sens, parce qu'elle valorise le collaborateur vis-à-vis de ses collègues mais également vis-à-vis de ses managers : « Je travaille mieux car on me fait confiance ! »

La création de sens est également favorisée par la sagesse – entendue au sens d'attitude –, laquelle traduit la capacité des personnes à remettre en cause leurs croyances. Cette sagesse est l'essence même de la capacité créatrice et d'innovation, comme nous l'avons vu dans les paragraphes précédents. Ainsi, le réseau apprenant a bien pour vocation de dépasser les limites du fonctionnement de l'entreprise pour proposer des solutions novatrices. Cette sagesse favorise aussi un autre levier de la création du sens : celui de l'improvisation et du bricolage. Cela rejoint l'idée d'innovation ordinaire, précédemment développée. Il ne s'agit pas de réinventer le monde ou de tout changer d'un coup, mais bien d'engager une transformation progressive par des actions concrètes qui viennent solutionner des problèmes existants. Loin des innovations de rupture, l'improvisation est la capacité à s'adapter en toutes circonstances. « Bricoler », c'est parvenir à créer un ordre nouveau à partir de matériaux dont on dispose et que l'on manipule dans tous les sens pour leur trouver de nouveaux usages. Le réseau apprenant favorise le « bricolage » en ce qu'il montre la capacité de ses membres à se saisir d'outils existants, à les faire évoluer voire les modifier pour en changer l'usage.

Le dernier levier de la création de sens est la prise de conscience du système de rôles de l'entreprise. Ce système permet de comprendre quelle est la mission de l'entreprise, mais également le rôle que chacun exerce dans la réalisation de cette mission. En l'occurrence, le réseau apprenant renforce la capacité de ses membres à comprendre ce système de rôles, à se positionner comme contributeurs de la mission globale de l'entreprise et à positionner les autres contributeurs. Il renforce le sentiment d'appartenance et fait prendre conscience de la mission de tous à travers l'échange. En outre, lors des rencontres avec les sponsors, le dirigeant ou des intervenants externes, les membres du réseau obtiennent des informations et explications auxquelles ils n'ont en général pas accès et dont ils peuvent alors débattre. Cela renforce leur compréhension globale de la stratégie de l'entreprise par rapport à leur activité et apporte indubitablement du sens à leur travail.

Favoriser l'appropriation

Norbert Alter (1990[1]) retrace le processus d'appropriation de l'innovation à travers l'histoire du développement de la micro-informatique. Il montre qu'initialement, l'ordinateur a été développé « pour voir ». Puis des individus l'ont essayé et pratiqué durant deux ou trois ans, sans pour autant que cet usage soit généralisé. Après cette période que l'on peut qualifier de latence, les cadres et les secrétaires ont commencé à élaborer et à diffuser certains usages. Ces actions ont permis de conférer du sens et de l'efficacité à cette nouvelle technologie. Enfin, après quelques années de fonctionnement suivant ce registre, des dirigeants ont autorisé certaines de ces pratiques nouvelles et en ont interdit d'autres. Des managers ont ainsi contraint ceux qui n'utilisaient pas encore l'ordinateur à le faire. Le processus ainsi décrit par Norbert Alter est celui de l'appropriation.

Les changements stratégiques verrouillés par la direction sans que soit laissée la possibilité de se confronter aux pratiques d'innovateurs critiques, ne peuvent constituer des innovations. Tout au plus seront-ils considérés comme une invention dogmatique, une croyance imposée de façon autoritaire. Dans ce contexte, les innovateurs

---

1. ALTER N., *La gestion du désordre en entreprise*, L'Harmattan, Paris, 1990.

n'ont pas la possibilité de remettre en cause l'ordre établi. Ce qui amène, toujours selon Norbert Alter, « à produire des comportements conformistes [...]. Ces comportements permettent bien à la nouveauté d'habiter le corps social, de prendre effectivement pied dans les pratiques, de régler autrement les comportements organisationnels. Mais ces comportements ne donnent pas pour autant une signification bien claire de l'utilité des nouvelles procédures ; au contraire, ils amènent les acteurs à s'y investir un peu comme dans une comédie dans laquelle ils se sentent, en tant que personnes, parfaitement étrangers » (2002 : 24).

Cette appropriation est essentielle pour les réseaux apprenants. Elle est rendue possible par la participation de tous et les échanges entre les membres du réseau. Elle permet à chacun de renforcer sa position de contributeur, de marquer sa force de proposition. Elle est facilitée par l'expérimentation des solutions proposées par les groupes de travail. Qui plus est, au-delà de l'expérimentation, les membres du réseau apprenant sont également les initiateurs de démarches d'innovation. Ces dernières ne sont alors plus perçues comme des projets imposés ou subis, mais bien comme « le projet que j'ai co-conçu et auquel je suis associé pour sa mise en œuvre ». Dès que cette dynamique est enclenchée, les collaborateurs sont plus sereins face aux transformations : ils en deviennent les acteurs, les acceptent et sont plus en mesure d'anticiper pour mieux s'adapter à la nouvelle situation.

Créer de l'engagement : le sens de la responsabilité

Créer de l'engagement est essentiel pour les entreprises. En effet, l'engagement est gage de salariés à l'écoute de leurs clients et de leur environnement. Lorsqu'ils se sentent responsables de leurs actions, ces derniers sont en mesure d'offrir le meilleur d'eux-mêmes.

Les composantes de l'engagement sont multiples. L'implication en tant que relation entre une personne et son organisation est l'une d'entre elle. Pour Maurice Thévenet (2002[1]), l'implication procure aux

---

1. THÉVENET M., *Le plaisir de travailler. Favoriser l'implication des personnes dans l'entreprise*, Éditions d'Organisation, Paris, 2000.

individus le sentiment de réaliser des choses pour leur entreprise tout en se réalisant soi-même. Elle favorise la réalisation et l'estime de soi, renforçant ainsi le sentiment de fierté individuelle mais également de fierté d'appartenance à l'entreprise. Mais plus encore, ainsi que l'affirme Claude Louche[1], l'implication peut engendrer un attachement affectif vis-à-vis de l'entreprise, se traduisant dans les faits par une loyauté professionnelle. Cette implication se retrouve au sein des réseaux apprenants à deux niveaux :

- dans le réseau apprenant lui-même, les membres du réseau soulignant l'importance de produire des résultats qui améliorent le fonctionnement de l'entreprise et marquant ainsi leur contribution à la performance ;

- dans l'entreprise en général, parce que le réseau apprenant donne aux individus la possibilité de mieux comprendre leur rôle au sein de l'entreprise et la façon dont ils contribuent à l'offre de service, donc à la satisfaction du client.

Mais l'engagement n'est pas seulement un sentiment induisant un comportement. Il se traduit également en actions, par la motivation. La motivation constitue donc une autre dimension de l'engagement dans la mesure où elle déclenche l'action, l'oriente vers un ou plusieurs buts et lui permet de se prolonger jusqu'à l'atteinte de ce ou ces buts. La motivation est même intrinsèque aux réseaux apprenants en ce sens qu'elle procure une certaine forme de satisfaction pour leurs membres, sans considération des conséquences qu'il est possible d'en retirer en termes de récompenses.

La participation active est également une composante de l'implication au sein des réseaux apprenants. En mettant leurs membres en position de décideurs, les réseaux favorisent leur responsabilisation. Les membres d'un réseau apprenant sont ainsi maîtres de leur choix tant au niveau des thèmes qu'ils saisissent qu'à celui des solutions qu'ils proposent et des expérimentations qu'ils conduisent au sein de l'entreprise. Cette participation active leur permet de développer un sentiment de fierté lorsque leurs contributions sont exposées au grand jour dans l'entreprise. Pour cette raison, la communication des actions entreprises au sein des réseaux est pour leurs membres un élément essentiel. Valoriser les projets du réseau apprenant

---

1. Louche C., *Psychologie sociale des organisations*, Armand Colin, Paris, 2001.

constitue l'une des actions primordiales à penser pour marquer la reconnaissance par l'entreprise du travail fourni par les salariés. Cette reconnaissance est un levier fondamental du bien-être au travail. En outre, nous considérons que la responsabilisation est l'élément central qui distingue l'adhésion de l'engagement, comme le souligne Peter Senge. Il est ainsi possible d'adhérer à un projet porté par un autre que soi, de désirer sincèrement qu'il aboutisse et de s'impliquer dans sa réussite, sans pour autant que ce projet devienne le sien. Lorsque le projet devient le sien, parce qu'on l'a décidé ou parce qu'on est le maître de sa réalisation, alors on est prêt à surmonter les obstacles susceptibles d'entraver sa réalisation et à s'engager sans restriction pour qu'il puisse se réaliser.

Améliorer la qualité de vie au travail

La problématique des conditions de travail existe et est débattue dans les entreprises et les sphères institutionnelles depuis de nombreuses années. En témoigne l'Agence nationale pour l'amélioration des conditions de travail (Anact), qui fête ses quarante ans d'existence en 2013. Le terme « qualité de vie au travail » (QVT) est apparu dans les entreprises voilà trente ans. Initialement associé à la prévention des risques professionnels, il ne fait plus de doute que la qualité de vie au travail est également une composante essentielle de la performance organisationnelle. Créé en 2009 à l'initiative d'EDF, le Club Qualité de vie au travail ne compte aujourd'hui pas moins d'une douzaine de grandes entreprises françaises engagées dans les expérimentations sur ce thème. La SNCF est membre de ce club, aux côtés d'Air France ou de la FNCA par exemple. Pour l'Anact, la QVT est un concept multi-dimensionnel qu'il est possible de définir de manière générale comme *« un processus social concerté permettant d'agir sur le travail (organisation, conditions, contexte) à des fins de développement des personnes et des entreprises »*.

Au mois d'octobre 2012, la direction Paris Saint-Lazare (PSL) a organisé dans ses locaux la semaine « Qualité de Vie au Travail ». Et les réseaux apprenants y ont trouvé une place importante, tant par les actions qu'ils ont proposées pour améliorer la QVT que par leur démarche elle-même qui améliore, pour nombre de participants, leur qualité de vie au travail. Au cours de cette semaine, les ateliers ont permis de s'enrichir des points de vue d'experts, mais surtout de présenter les réalisations du réseau Management de PSL. Huit actions ont été partagées avec les participants autour de la thématique suivante : « La reconnaissance, un levier majeur de la qualité de vie au travail ? »

Par leur nature même, les réseaux apprenants participent à l'amélioration de la qualité de vie au travail. Ils favorisent le développement personnel et la progression en commun : « C'est vrai que c'est plus sur l'axe du développement personnel. Je pense qu'effectivement, à bien entrer dans cet esprit-là, on travaille tous ensemble et que pour les choses communes justement faire progresser notre direction, donc notre entreprise, et mieux travailler ensemble. Et c'est ça aussi la vertu du réseau » (entr'apreneur[1]). Faire partie d'un réseau apprenant crée du sens pour la personne, de la reconnaissance pour ses idées et son travail. Cela lui permet d'avoir en outre « des coups d'avance », et ainsi de mieux accepter les transformations. Nous avons pu observer qu'un participant à un réseau apprenant était plus motivé et plus engagé, à la fois dans son travail et envers son organisation, ce qui renforce aussi sa satisfaction.

Comment former aux réseaux apprenants ?

Le séminaire TP2A, créé par la SNCF, poursuit deux objectifs : d'une part la montée en compétences dans l'animation de groupes apprenants et, d'autre part, le développement de la capacité d'influence des managers. Il facilite le changement de deux manières. Tout d'abord, au sein d'un réseau apprenant, il permet aux animateurs de groupes apprenants de faire naître et développer une intelligence collective, rendant le réseau apprenant et les transformations qu'il porte plus efficaces et influents. Ensuite, le séminaire TP2A en lui-même permet aux animateurs, mais le plus souvent aussi aux managers, de prendre conscience de leur rôle d'influence dans les transformations de l'entreprise. Développer cette posture d'influence, c'est permettre au manager de créer des conditions favorables au changement et de l'accompagner.

---

1. Dans le réseau apprenant de la direction des Achats, les « animateurs » de groupes de réflexion/action se sont dénommés « entrapreneurs ».

Pourquoi aider l'accompagnement du changement ?

De plus en plus d'entreprises, désireuses de renforcer la proximité avec leurs clients en verticalisant la production et les services, ressentent l'impérative nécessité d'optimiser les coopérations à tous les niveaux. En effet, c'est par le biais d'interfaces, de la communication et de la coopération entre plusieurs qu'elles sont en mesure de proposer un meilleur service global à leurs clients. Cette logique d'action implique de changer de modèle de leadership, en conciliant un leadership hiérarchique et un leadership d'influence, en référence à la notion de « co-leadership » développée par Alain Gauthier en 2013.

Par ailleurs, les managers et les collaborateurs doivent anticiper des changements au quotidien, les conduire et s'y adapter. Ces changements peuvent profondément modifier la façon dont les employés se représentent leur métier (changements de niveau 2[1]). C'est bien lorsque des individus apprennent ensemble, dans l'action, que des changements positifs durables peuvent se développer.

L'influence des managers pour porter le changement

Chaque manager dispose de ressources managériales, même s'il n'en a pas toujours conscience. Et pour cause, les managers sont souvent seuls face aux changements à conduire au sein d'équipes nombreuses (20 à 50 personnes) et parfois très dispersées géographiquement. C'est la raison pour laquelle il a semblé légitime à la SNCF de développer leurs compétences d'influence et d'autonomie.

Il ne s'agit pas de nier l'intérêt des démarches d'accompagnement des managers qui permettent de solutionner une situation difficile

---

1. BATESON G., *Communication et société*, Seuil, Paris, 1988. Cet auteur a été le premier à distinguer les changements de niveau 1 des changements de niveau 2. Les premiers n'affectent pas le système global dans lequel ils s'inscrivent, leur but étant de le rendre plus opératoire et de maintenir son équilibre (homéostasie). Pour leur part, les changements de niveau 2 transforment le système dans son fonctionnement et incitent le sujet à apprendre, donc à faire à son tour évoluer ses systèmes de représentation : ils bouleversent donc autant le sens du système que les relations qui le constituent.

spécifique, mais d'intervenir en amont de ces démarches, afin d'anticiper et prévenir ces difficultés. L'objectif est d'aider les managers dans leur posture, afin qu'ils puissent gérer leurs équipes de manière éclairée donc plus sereine. Ce faisant, nous cherchons à révéler la capacité d'influence des managers, ainsi que leur capacité d'entraînement des collaborateurs. Pour le dire autrement, il s'agit de rendre les managers acteurs de leur changement.

Dans une optique nationale de responsabilisation des managers et de coopération, la réflexion proposée par la SNCF repose sur la question suivante : « Pouvons-nous collectivement transformer dans notre cercle d'influence ? »

Chaque individu évolue dans trois cercles[1] :

- ce qu'il maîtrise ;

- ce qu'il peut influencer ;

- ce sur quoi il ne peut pas agir.

Pour atteindre les personnes sur lesquelles nous n'avons pas de possibilité d'action, il est nécessaire de passer par une personne de notre zone d'influence dont le propre cercle d'influence englobe l'une des personnes que nous souhaitons à notre tour influencer. Il est ici important de comprendre que le terme « influence » est utilisé dans le sens d'une action sur autrui. À cet égard, il n'est pas négativement connoté.

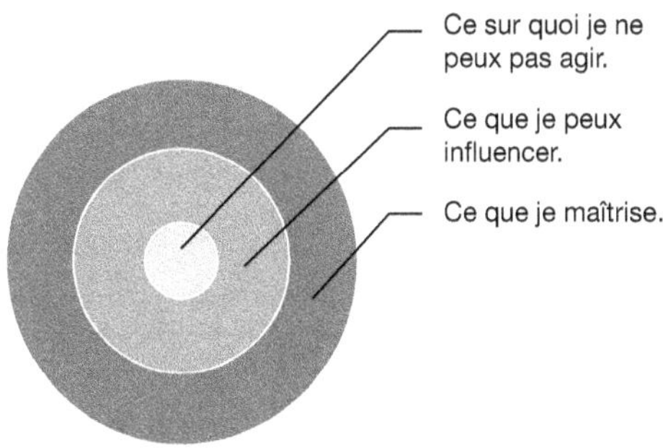

Les cercles d'influence

---

1. Le concept de « cercles d'action d'influence » d'un individu a été développé par Pierre Goirand et l'équipe SNCF Ingénierie en 2005.

TP2A : un instrument du changement *via* notamment le développement personnel

Le séminaire TP2A sensibilise à la posture d'animateur/manager dans des conditions apprenantes. Il se déroule durant deux jours, en résidentiel, et comporte des apports de connaissances, des techniques d'animation immédiatement expérimentables et des prises de conscience sur la relation à soi et aux autres. L'objectif poursuivi est le suivant : « faire vivre les concepts » et utiliser le vécu et les expériences de chaque participant.

Ce séminaire reprend les fondamentaux de l'apprenance et aborde les cinq « piliers » de Peter Senge[1] sous un angle pratique. Il évolue, en outre, dans un cadre de référence qui respecte la règle des 3P développée par Béatrice Quasnik[2], selon laquelle « protection + permission = puissance » : un lieu d'échanges sécurisé dans lequel chacun se sent libre de s'exprimer « à égalité de dignité », c'est-à-dire en toute bienveillance vis-à-vis des autres. Lorsque les protagonistes ne sont pas d'accord, ils le font savoir en utilisant le « je ». Ce cadre étant posé, les animateurs peuvent s'y référer en cas de début de « débordement éventuel ». En fin de séminaire, il peut être proposé une rétrospection (publique ou non) sur le respect par chacun des règles de fonctionnement (respect, écoute, suspension du jugement, etc.) précisées en amont.

Le séminaire inclut des interventions et des témoignages, y compris d'intervenants extérieurs. La co-animation du séminaire permet de rythmer les séquences, de garantir une écoute continuelle des participants, d'apporter une vision plus riche des concepts et de différencier l'animation. Le soir, les savoirs de la journée sont ancrés à travers l'animation d'une pratique artistique partagée.

Chaque séminaire est unique car il est adapté à la population, tant sur la forme (variabilité dans l'animation du séminaire) que sur le contenu. C'est le caractère interactif de l'animation qui le rend innovant : ce sont les participants qui fournissent la matière à travailler.

---

1. Senge P., *Op. cit.*
2. Quasnik B., « Devenir agent de changement », *Chronique sociale*, 2011.

Nous proposons, dans le tableau ci-dessous, le schéma d'un séminaire type. Les séquences ont pour méta-objectif de donner envie aux participants de s'approprier la méthode, afin qu'ils l'appliquent ensuite dans leur propre collectif. Chaque séminaire TP2A s'adapte ainsi à son public pour être le plus pertinent possible. Il est créé sur mesure et ne suit pas nécessairement l'ordre des séquences, ni même le temps prévu pour chacune d'entre elles. En outre, certaines sessions peuvent être modifiées, pour organiser une rencontre avec les sponsors par exemple ou pour travailler en co-développement sur la prochaine plate-forme du réseau apprenant d'un des membres.

1er jour

Titre de la séquence	Objectifs	Modalités d'animation
L'INCLUSION	Créer une ambiance conviviale, mettre en confort les participants.	Accueil – Mot de bienvenue. Les participants sont disposés en cercle.
AMBIANCE	Pour briser la glace, se connaître, former un groupe.	Animation créative.
LE CARNET DE ROUTE : le bon usage	Présenter le carnet de route[1]. Comprendre son utilité.	Questions/réponses.
PRINCIPES DE FONCTIONNE-MENT : Comment se comporter lors du séminaire ?	Définir le cadre et le contexte du séminaire : la règle du jeu est connue de tous les participants.	Échanges.
LES INTENTIONS DU SÉMINAIRE	Présenter les intentions du séminaire et le contexte dans lequel il se situe.	Exposé. Échanges, questions/réponses.

---

1. Le carnet de route est individuel et personnel. Il convient d'y inscrire tout ce que le participant souhaite laisser comme trace, que ce soit factuel, ressenti, dessiné, etc.

PROGRAMME DU SÉMINAIRE	Connaître le déroulé du séminaire.	Déroulé représenté sur un dessin : la route des étapes.
LA REPRÉSENTATION DU RÉSEAU ET DU RÔLE DES ACTEURS	Partager les représentations du réseau ou des réseaux et faire émerger des questionnements sur les rôles des acteurs.	Modélisation/cartographie visuelle des acteurs d'un réseau par groupe. Échanges/débat.
EXPOSITION DU PROGRAMME DE L'APRÈS-MIDI	Connaître le déroulé de l'après-midi. Mettre en énergie le groupe[1] (après le déjeuner).	Exposé. Animation créative.
LES POSITIONS DE VIE	Comprendre autrui autrement. S'adapter plus facilement à son ou ses interlocuteurs.	Interaction avec le groupe (le contenu est apporté à partir des expériences de chacun). Réflexion et expérience de groupe.
LES DEGRÉS D'ÉCOUTE	Prendre conscience et faire comprendre les différents niveaux d'écoute et leurs incidences.	Expérimentation des degrés d'écoute par binôme. Suivi d'apports selon le vécu.
LA POSTURE D'INFLUENCE	Connaître la posture d'influence de l'animateur et savoir l'utiliser.	Apport sur le cercle d'influence. Lien avec sa posture au quotidien en tant que manager ou fonctionnel.
POINT CARNET DE ROUTE	Faire le point sur ce que l'on a retenu et sur les questionnements posés.	3 minutes – Temps pour soi – musique de fond très calme.

---

1. La mise en énergie permet de mettre la personne en mouvement et de la redynamiser. Il s'agit d'éveiller, de stimuler.

UN ÉPISODE INSPIRANT OU REMARQUABLE	Faire appel à la mémoire positive du participant. Créer du lien dans le groupe.	En binôme et en promenade (le retour de la séquence a lieu le lendemain matin).
CHECK OUT/ Météo	Partager son ressenti par rapport à la journée.	Expression individuelle.
DÉTOUR PAR L'ART : Atelier théâtre	Intervenant externe : faire vivre ce qu'est l'écoute, le rapport à l'espace et à l'autre dans le théâtre. Lien avec le quotidien de chacun.	Jeux de rôle – mise en scène.

2e jour

Titre de la séquence	Objectifs	Modalités d'animation
ACCUEIL/ PROGRAMME	Parler de sa météo. Partager le programme de la journée.	En cercle.
UN ÉPISODE INSPIRANT	Faire émerger ses valeurs pour l'action.	Recueil des éléments. Questions/réponses.
BIEN SE CONNAÎTRE POUR BIEN ANIMER	Faire prendre conscience de la diversité des schémas mentaux dans un groupe de personnes.	Tests individuels. Explications sur le fonctionnement du cerveau et lien avec la communication et le rapport à l'autre.
FAITS OU INTERPRÉTATION ?	Savoir reconnaître ce qui est factuel de ce qui relève de l'opinion.	Échanges et expérimentation.

ATELIER DE CO-DÉVELOPPE-MENT	Faire connaître l'outil de co-développement. Devenir acteur du changement.	Expérimentation.
LES OUTILS ET TECHNIQUES DE L'APPRENANCE	Comprendre que les 2 jours sont construits sur les 5 piliers de l'apprenance. Récapituler les outils expérimentés lors du séminaire et les associer à ces 5 piliers (évoquer d'autres techniques).	Recueil des éléments rete-nus par le groupe (ce qui a le plus marqué). Enrichissement – échanges.
POINT CARNET DE ROUTE	Faire le point sur ce que l'on a retenu et sur les questionnements posés.	Trois minutes pour soi, avec une musique calme en fond.
CHECK OUT ET FIN DE CONTRAT	Partager son ressenti par rapport à la journée et clore le contrat des 3 P.	Symbole de la fin de contrat (en cercle – debout).
DISTRIBUTION DU QUESTION-NAIRE D'ÉVALUA-TION À CHAUD	Évaluer la perception des participants.	Questionnaire avec des questions ouvertes et fermées.

Un TP2A… pour quoi ?

Le séminaire TP2A donne une impulsion au réseau apprenant *via* la montée en compétences des animateurs en matière d'appre-nance et d'animation de groupes apprenants[1]. Pour concrétiser cette démarche, le facilitateur du réseau accompagne et supervise les animateurs dans leur développement, épaulé par les sponsors qui réalisent un suivi régulier auprès des groupes.

Les savoirs transmis ont pour but de les aider à adopter plus facile-ment une position apprenante et à appréhender la notion d'influence,

---

1. Voir plus haut « Qui fait quoi dans un réseau apprenant ? ».

pour accompagner le changement et favoriser l'innovation à travers l'intelligence collective. Il permet également la cohésion d'équipe entre les animateurs d'un réseau apprenant, en créant un effet d'appartenance au groupe des animateurs.

Ce séminaire s'adresse aux personnes du terrain, pas à des experts de l'apprenance. Aussi utilise-t-il des outils, des techniques et des pratiques concrètes d'animation favorisant l'intelligence collective. Son intérêt se situe dans le fait qu'il ait pris place dans un contexte apprenant, créant l'envie d'apprendre. De plus, les animateurs/managers expérimentent une prise de conscience : ils deviennent générateurs d'innovation et de changement d'une part dans leur rôle d'animateurs de groupe d'un réseau apprenant et, d'autre part, dans leur vie professionnelle au quotidien.

Ainsi, le séminaire TP2A, initialement conçu pour une direction d'entreprise et pour un public d'animateurs de groupe de réflexion/action dans un réseau apprenant, s'est développé pour toucher l'ensemble du groupe SNCF, notamment à travers les managers.

De ce fait, il présente un double intérêt :

- le renforcement de l'efficacité et de l'influence du réseau apprenant ;

- le renforcement de l'action des animateurs/managers dans leur travail au quotidien hors réseau.

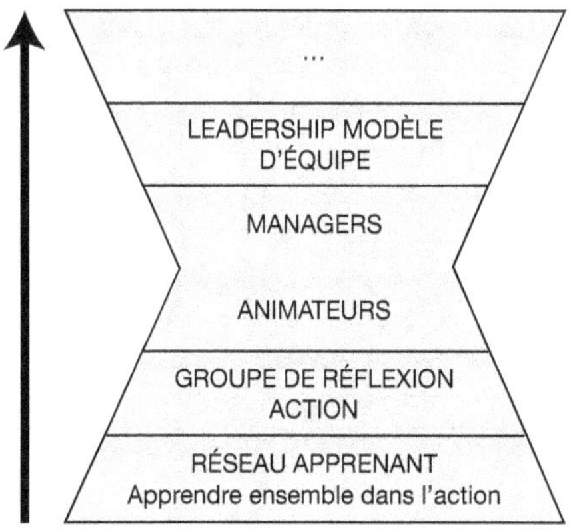

Le champ d'action du séminaire TP2A

La nouveauté par rapport aux autres outils de gestion du changement

Le séminaire TP2A est singulier dans son adaptation permanente à la population d'animateurs/managers en fonction de la demande, de l'histoire et du contexte du réseau apprenant. Il se démarque également par le fait qu'il considère le développement de soi et la compréhension des autres comme des thèmes intrinsèques au management. Son parti pris se situe dans la volonté de faire intégrer des grands principes et des techniques d'animation apprenante, de manière extrêmement pratique, en les faisant vivre aux participants (expérimentation).

Plus qu'une formation classique sur le management, ce séminaire est une sensibilisation. D'un point de vue légal, il ne s'agit pas d'une formation professionnelle. Cette distinction s'affirme par le fait que le temps pris pour ce séminaire ne sert pas directement les activités prévues au poste de l'animateur/manager. Il concerne la mission d'animation au sein du réseau apprenant, réseau que l'animateur/manager rejoint de façon volontaire en sus de son travail. Pour autant, les savoirs acquis lors du séminaire sont ensuite mis en pratique par le participant dans sa vie professionnelle courante. C'est la raison pour laquelle le séminaire TP2A, qui repose nécessairement sur la base du volontariat, s'avère particulièrement pertinent pour les managers.

Au-delà de sa diffusion par la multiplication des demandes, ce projet s'inscrit dans une dynamique de transfert de compétences. En effet, outre le transfert attendu des animateurs du séminaire vers ceux des réseaux, le nombre de personnes ensuite capable d'animer le séminaire est en augmentation, par le biais de parrainages et toujours sur la base du volontariat. Toutefois, afin de ne pas prendre le risque d'instrumentaliser cet outil que sont les TP2A, l'animation du séminaire n'a été ouverte qu'à d'autres explorateurs[1]. Ces derniers sont eux-mêmes montés en compétence sur l'animation d'un séminaire TP2A. Ils ont ensuite souhaité organiser des sessions dans leur cercle d'influence et pour leur propre réseau, engageant ainsi un processus vertueux de capillarité.

---

1. Le Club des explorateurs, créé en 2009, est un réseau apprenant SNCF composé de facilitateurs de réseaux apprenants en vue de leur professionnalisation.

Le produit TP2A se diffuse, mais ne s'instrumentalise pas !

Le séminaire TP2A a été initialement conçu pour l'utilisation des animateurs de groupes apprenants au sein des réseaux apprenants. Ces animateurs, dont une partie sont managers, ont commencé à utiliser les méthodes apprenantes dans leur gestion quotidienne. Aujourd'hui, les formateurs du TP2A sont sollicités par deux nouveaux types de population :

■ les managers hors réseau apprenant ;

■ les consultants internes.

Le séminaire cible désormais trois populations qui s'entrecoupent avec les membres des réseaux apprenants.

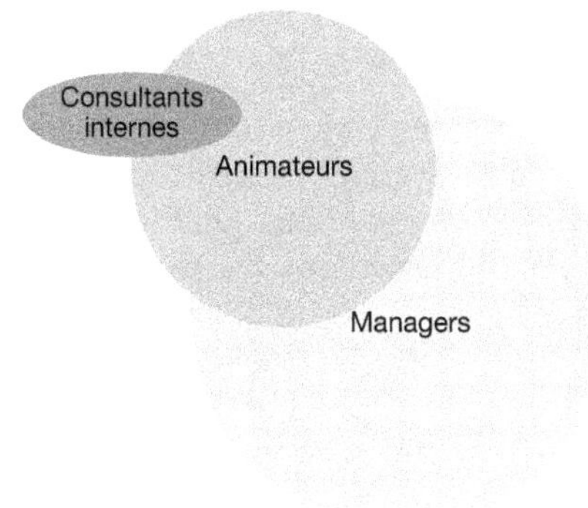

Les cibles du séminaire TP2A-1

Les clés de diffusion du projet

Le séminaire TP2A aurait pu rester l'affaire d'une fois. Pourtant, il ne cesse de s'étendre. Pourquoi ? Deux moteurs principaux semblent être à l'origine de cette diffusion.

Tout d'abord, l'envie des participants apparaît comme une condition *sine qua non* de succès. Sans cette motivation propre à chaque animateur/manager de vouloir monter en compétences et participer, le séminaire TP2A n'existerait pas !

Ensuite, force est de constater que le témoignage enthousiaste des participants à l'issue de chaque séminaire a un impact positif sur la popularité de la démarche. Ces témoignages se diffusent, donnant envie à de nouvelles personnes d'y participer ou d'en mettre en place.

Le séminaire TP2A est-il efficace ?

La démarche TP2A a été perçue très positivement dans son ensemble (tant à chaud qu'à froid) par les participants. Ainsi, le séminaire a été évalué par 72 % des répondants comme globalement « très satisfaisant », et « satisfaisant » par les 28 % restants.

> *[Le séminaire] permet d'avoir une autre vision de la conduite de réunion, plus créatif et plus ludique mais avec autant (voire plus) d'idées de travail.*

De plus, les participants perçoivent une plus-value qui bouleverse positivement leurs méthodes, leur état d'esprit et leurs relations aux autres et à eux-mêmes. Ils ressentent une différence à travers une meilleure production, l'adhésion des équipes au projet, des concertations de travail dans des conditions apaisées, la performance par le débat, l'optimisation du temps de travail des groupes et les échanges facilités. Enfin, ils bénéficient d'une meilleure compréhension du rôle d'animation et des démarches dans un réseau apprenant.

> *Véritable séance d'introspection, ces deux jours étaient riches en enseignements tant sur le plan personnel que vis-à-vis du groupe. Je mets en pratique régulièrement l'écoute active et les techniques de co-construction dans le cadre des divers groupes que j'anime.*

Concernant l'utilité du séminaire, 45 % des répondants indiquent utiliser fréquemment ou très fréquemment les techniques du séminaire en équipe et 41 % déclarent utiliser fréquemment ou très fréquemment les techniques du séminaire au niveau managérial.

Les principales difficultés rencontrées par les participants pour mettre à profit les savoirs du séminaire viennent en général de la problématique temps et de la bataille à livrer contre soi-même afin d'acquérir les bons réflexes, appliquer les principes vécus en séminaire et ancrer la théorie dans la vie quotidienne.

Un enseignement pédagogique fort, comprendre qu'on peut ne pas être en accord mais faire en sorte que la situation ne se bloque pas.

Grâce aux évaluations, le séminaire continue à évoluer et à s'enrichir. Il est, en outre, désormais question de créer un séminaire TP2A version experts, à la demande des participants. Et pour cause, cet outil est d'autant plus attractif qu'il est abordable financièrement : au 6e TP2A, l'investissement pour chaque participant représente environ 500 euros en moyenne pour les deux jours.

Le séminaire TP2A, un produit apprenant

La création du séminaire par des membres du Club des explorateurs a suivi le schéma des étapes de transformation[1] identifiées dans un réseau apprenant. Ainsi, pour permettre aux animateurs de passer de l'état A (la source) à l'état B (l'objectif), une transformation s'est opérée, correspondant au développement du produit TP2A.

Première version du projet

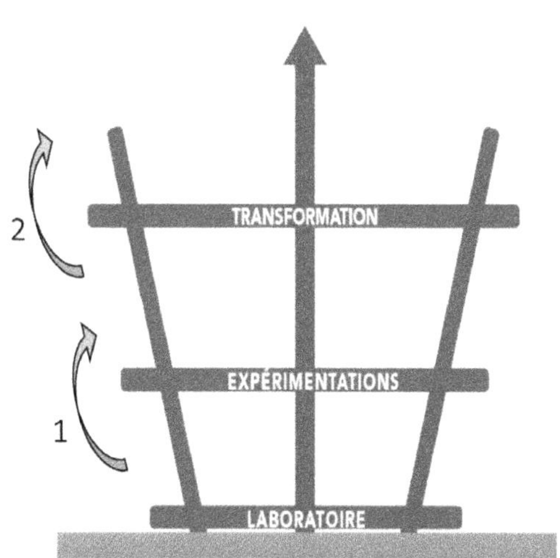

Les étapes de la transformation

---

1. Voir plus haut « La transformation à travers les réseaux apprenants ».

Les étapes de la transformation dans la première version du projet

Maturation du projet	Définition d'un enjeu.	Faire monter en compétences les animateurs pour construire un réseau apprenant solide.
	Appui du dirigeant et sponsors.	OUI.
	Facilitateur interne à la direction.	OUI.
Laboratoire	Hors normes.	OUI, dans la conception.
	Lieu sécurisé.	OUI : libre conception, relation de confiance entre les trois consultants.
Expérimentation	A-normal.	Les 1er et 2d TP2A.
	Ajustement permanent.	OUI, dans l'animation et le contenu en fonction des participants.
Transformation	Nouvelle représentation.	OUI : de l'animation et du management, à travers sa propre posture et son propre rôle dans le changement.
	Diffusion.	OUI, auprès des différents réseaux *via* les animateurs/ managers.

La mise sur pied de ce projet TP2A a nécessité la réunion de plusieurs conditions et le passage par plusieurs étapes :

- La maturation du projet

    Lors d'un séminaire organisé avec le Comité de direction (Codir) de la direction de l'Immobilier et un cabinet externe, le DRH Immobilier a émis le souhait de créer un réseau apprenant afin que celui-ci s'empare des nouveaux axes stratégiques. Le projet a alors été lancé avec l'appui du directeur de l'Immobilier. Grâce à ce soutien, il a ensuite été relativement aisé de constituer le comité de sponsors.

* Les laboratoires d'idées

    La demande d'un outil de formation des animateurs a émané du DRH Immobilier. En effet, ce dernier a jugé nécessaire la montée en compétences des personnes pour construire un réseau apprenant selon un format spécifique. Pour l'élaborer, il a fait appel à deux consultants internes, dont un intégré à la direction de l'Immobilier. Ces derniers ont à leur tour eu recours à une consultante externe, chargée de les épauler dans la construction du séminaire. Le contenu du séminaire a été élaboré en trois mois.

* La transformation

    Le séminaire a finalement pu se tenir, et le réseau a démarré avec des animateurs témoignant d'une posture apprenante.

* La diffusion

    Quelques mois après ce premier séminaire T2PA, les deux consultants internes ont partagé leur expérience avec le réseau apprenant du Club des explorateurs. Après ce partage, une facilitatrice de réseau a valorisé le projet et proposé d'organiser un séminaire TP2A pour les animateurs de son réseau. Suite à cette demande, d'autres réseaux apprenants se sont à leur tour intéressés au séminaire, à travers leurs facilitateurs.

Au total, ce séminaire qui devait être une expérience unique s'est développé pour devenir un produit très recherché.

Deuxième version du projet

On ne repart pas de zéro, mais de l'étape d'expérimentations !

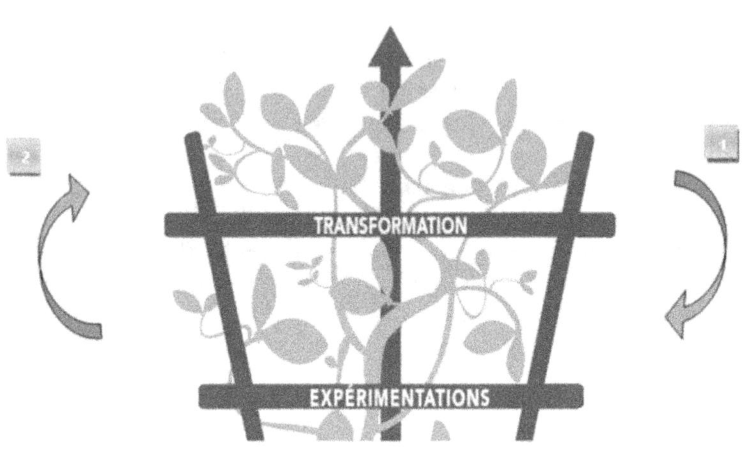

Le nouveau projet peut démarrer à l'étape des expérimentations

Les étapes de la transformation dans la première version du projet

Expérimentation	A-normal.	OUI : les premiers séminaires-tests du nouveau produit.
	Ajustement permanent.	OUI, dans l'ouverture hors réseaux et l'adaptation pour les consultants internes.
Transformation	Nouvelle représentation.	OUI : du management et de l'accompagnement, à travers sa propre posture et son propre rôle dans le changement.
	Diffusion.	OUI : intégration du changement dans les actes quotidiens.

La diffusion du séminaire a donné envie à de nouveaux types de population de suivre un séminaire TP2A. Cela a notamment été le cas des consultants internes, par la voix du Responsable métier consultants internes SNCF. Il est alors apparu qu'il n'était pas utile de passer par la phase dite du laboratoire d'idées, mais qu'il était possible de partir directement de la phase d'expérimentation, en capitalisant avec des membres du Club des explorateurs ayant déjà co-animé un séminaire TP2A et étant eux-mêmes des consultants internes.

Au total, ce séminaire TP2A a été récompensé lors des Trophées Essec du changement 2013.

La DRH SNCF recevant le Trophée Essec du changement,
le 20 septembre 2013

Apprendre autrement

Un manager a-t-il plus à apprendre du récit de ses pratiques et de celles des autres que d'ouvrages en management ? Sans antagonisme entre l'expérience et la théorie, les réseaux apprenants proposent des formats d'échanges sur les pratiques en mobilisant, le cas échéant, des grilles de lecture théoriques. Ils constituent ainsi une nouvelle forme d'apprentissage, perçue comme une alternative aux formations dites de contenu. La technique du co-développement, mais également l'émergence d'organisations comme la SOL illustrent l'intérêt croissant pour des formes d'apprentissage fondées sur les échanges interpersonnels au détriment des formations de contenu construites de la relation entre un sachant et des stagiaires béotiens.

Les réseaux apprenants permettent à leurs participants de se former entre eux, à partir d'échanges et du récit de leurs pratiques et des problèmes qu'elles rencontrent. Les participants livrent en effet des récits de pratiques et proposent des améliorations et solutions dans une logique de co-construction collective d'un savoir qui n'existe que peu dans les livres et essentiellement dans les relations entre les personnes. Ils se définissent par leur périmètre (une entreprise, un métier, un niveau d'encadrement), la périodicité et le format des rencontres. Ce dernier point est le plus important, car les réseaux apprenants sont principalement des méthodes d'animation qui permettent l'échange libre et la co-construction dans le respect de tous les participants.

Par exemple, dans le cadre du co-développement, une personne peut exposer son problème à des collègues qui jouent le rôle de consultants pour l'amener à argumenter plus avant et identifier des solutions. Pour sa part, SOL France propose d'autres formats d'animation en intelligence collective tels que les « tables apprenantes » ou les « World Café[1] ». De façon générale, cette association met à disposition des formats d'opérationnalisation des réseaux apprenants en relation avec les travaux de l'Américain Peter Senge.

Sur des thèmes comme le management, force est de reconnaître que les formations de contenu en présentiel finissent parfois par s'essouffler. De nombreux contenus ont déjà été présentés aux stagiaires au cours des précédentes formations qu'ils ont suivies, y compris dans le cadre de leur cursus académique. Par ailleurs, les modèles théoriques trop souvent rabâchés, comme le modèle de la motivation de Maslow[2] ou encore les cinq forces de Porter, ne sauraient se suffire à eux-mêmes dans des environnements où les salariés doivent capter des ressources d'action plutôt que des concepts vieillissants. De plus en plus, d'ailleurs, les acteurs d'une organisation désirent échanger sur leurs pratiques et leurs problèmes avec méthode, pour

---

1. www.theworldcafe.com
2. MASLOW A., *Devenir le meilleur de soi-même*, Eyrolles, 2013.

éviter toute cacophonie chronophage. Ils élaborent alors une grille de lecture du réel en fonction des enjeux qu'ils identifient comme les concernant directement.

De ce fait, la notion de réseaux apprenants émerge comme une technique de formation à part entière, en accord avec les attentes des managers.

Le réseau apprenant : catalyseur de coopération et de responsabilisation pour l'innovation

Seul on va plus vite, ensemble on va plus loin.

Proverbe africain

Pourquoi la coopération est-elle devenue une préoccupation majeure, véritable leitmotiv des entreprises ?

En août 2012, la 18ᵉ Université Hommes-Entreprises a rassemblé 500 participants de diverses entreprises sur le thème « coopération/compétition » – thème majeur pour les entreprises, et particulièrement pertinent dans un contexte notamment marqué par les « printemps arabes » ou encore la dette de la Grèce.

Face à des enjeux de production, de compétitivité et de concurrence toujours plus élevés, les situations d'échanges interpersonnels et transversaux ne constituent plus toujours la priorité dans la sphère de travail des individus. Or le manque de communication qui en découle peut conduire à l'isolement et/ou l'impression d'être seul face aux problèmes, voire entraîner une véritable souffrance au travail – souffrance qu'il convient de traiter. Outre ces conséquences individuelles, les conséquences sur l'organisation ne doivent pas non plus être négligées.

À la fois du fait de la conjoncture et des évolutions technologiques, les entreprises s'inscrivent dans une dynamique de changement perpétuel, sans jamais se stabiliser durablement. Ainsi, afin d'anticiper, de s'adapter et d'innover, il est primordial qu'elles coopèrent. C'est ce qui leur permet d'être plus réactives, de mieux communiquer, de partager et de s'entraider. En effet, l'optimum des différentes entités d'une entreprise ne fait pas l'optimum de l'entreprise. Il peut arriver qu'une entité vise un objectif qui lui soit propre et ne corresponde pas au méta objectif de l'entreprise. C'est pourtant uniquement en communiquant, en échangeant sur les problématiques de chacun et donc en coopérant qu'il est possible de coller à ce méta objectif, tout en lésant le moins possible chaque entité. C'est bien dans les interfaces et à travers une coopération forte que l'organisation est en capacité d'offrir un service de qualité à ses clients. De ce point de vue, le lien social et la coopération constituent des leviers à impérativement actionner afin de gérer les incertitudes et les imprévus créés par le changement perpétuel.

C'est ensemble, dans l'action, que des changements positifs durables peuvent se développer. C'est la raison pour laquelle les réseaux apprenants développent les coopérations.

La SNCF est une entreprise de services, où le produit est délivré en temps réel et au contact du client. C'est la fluidité du parcours client qui détermine la satisfaction de ce dernier. Aussi le client doit-il être pris en charge à chaque jonction des maillons de la chaîne de services, afin qu'il ne soit jamais laissé à lui-même. C'est aux interfaces que tout se joue. Dès qu'au moins deux personnes d'entités différentes interviennent, l'enjeu de coopération se pose avec force.

Qu'entend-on par coopération ?

La coopération, qui signifie littéralement « travail avec/ensemble », est avant tout l'action de participation à une œuvre commune.

Mais cette notion va bien au-delà. Ainsi, à partir de la théorie du don développée par Marcel Mauss, Norbert Alter[1] définit la coopération comme un don volontaire fait aux autres et/ou à l'entreprise, un don précieux qui fédère les individus. Un don que les autres reçoivent, en reconnaissant sa valeur puis rendent, en donnant à leur tour. En conclusion de son dernier ouvrage, il déclare : « Chemin faisant, j'ai confirmé une hypothèse qui anime mes recherches depuis maintenant presque trente ans : l'entreprise fonctionne, produit et innove parce que les opérateurs acceptent de s'a-donner à ses projets. »

Dans le même ordre d'idée, le président de la fédération nationale des Francas[2], Olivier David, explique que « coopérer, c'est beaucoup plus que participer à une œuvre commune, [...]. Au-delà de l'action, il s'agit de faire jouer les principes de solidarité entre des hommes et des femmes qui portent le même projet. D'autre part, coopérer s'apprend. [...]. La coopération ne se décrète pas, elle se vit au quotidien grâce à l'échange entre les individus, grâce à la mise en synergie des intérêts individuels et collectifs. La coopération s'oppose à la concurrence et à la compétition puisqu'elle vise une harmonie entre épanouissement individuel et social ».

Quant à Philippe Zarifian, il met en relief les aspects objectifs et intersubjectifs de la coopération tout en identifiant une coopération tri-disciplinaire prenant en compte les approches économiques (c'est-à-dire les enjeux de production), de gestion (à travers les concepts de ressources et d'efficience) et sociologiques, (à travers la notion de communication inter-compréhensive). Dans l'entreprise, la coopération matérialise la culture du « ET ». Un train doit-il partir à l'heure ou être propre ? Les clients attendent, à raison, que le train parte à l'heure « ET » soit propre. Pour passer de « bon » à « très bon », les coopérations qui font la différence. Ne demande-t-on d'ailleurs pas à un manager qu'il soit bienveillant « ET » exigeant ? De la même façon, un collaborateur doit performer dans son activité « ET » pour celle du service d'à côté.

---

1. ALTER N., *Donner et prendre. La coopération en entreprise*, Paris, La Découverte, 2009.
2. www.francas.asso.fr

Pourquoi coopérer ?

Si l'entreprise a besoin de coopération, qu'en est-il de l'individu ? Il semble que coopérer présente un coût pour ce dernier (Harman 2011) – un coût qui s'exprime notamment en temps et en énergie –, pour un résultat incertain. En effet, en plus de son coût, l'action de donner ne garantit aucunement une perception positive par celui qui reçoit. En outre, d'aucuns sont tentés de s'interroger sur l'intérêt de la coopération dès lors qu'en la mettant entre les mains d'autrui, ils perdent le contrôle de leur action.

Rares sont les individus qui donnent par pur altruisme. Chacun attend d'en retirer quelque chose. *A minima*, celui qui donne a le sentiment d'avoir fait « quelque chose de bien ». Pour Norbert Alter, donner apporte une certaine satisfaction et même une fierté à celui qui fait don. L'un de ses postulats de base est que donner aux autres permet d'échanger et, par ce biais, d'exister au sein de l'entreprise. En outre, la coopération permet aux employés expérimentés de transmettre des savoirs et des savoir-faire trop informels pour être codifiés. Qui plus est, au-delà du don offert et reçu, coopérer permet de s'enrichir du point de vue des autres. Cela permet de prendre conscience de certaines choses et d'appréhender les différentes facettes d'un même sujet. L'intérêt est donc de pouvoir partager son point de vue avec d'autres afin qu'il soit analysé, jugé et parfois maltraité. Pour que cela se passe sans anicroche et de manière décomplexée, il est indispensable d'instaurer un climat de confiance.

La coopération, mode d'emploi

Coopérer, oui, mais comment ? Instaurer et préserver une coopération constitue un réel challenge pour les entreprises. En effet, à l'instar de la confiance, la coopération ne se décrète pas. Elle se découvre, se cultive et s'ancre.

Tout d'abord, il est raisonnable de considérer que coopérer n'est pas naturel. De fait, dès l'enfance le système scolaire véhicule l'esprit de compétition de manière forte à travers les classements, les notes ou les challenges individuels, tant sur le plan sportif que sur le plan intellectuel. De la même façon, dans l'entreprise, l'individualisation est accrue. La montée en puissance des entretiens individuels en témoigne, d'autant que ces derniers ne prennent pas en compte les contributions aux projets transverses mais uniquement les objectifs personnels. Au total, pour la plupart d'entre nous, la coopération n'est pas automatique et ne va pas de soi.

Qui doit commencer à coopérer ? Que faire si, alors qu'on est soi-même dans une démarche de coopération, l'autre ne répond pas ? Convient-il alors d'arrêter de coopérer ? Jusqu'où coopérer ?

Coopérer ne signifie pas nécessairement être d'accord sur tout, ni même créer une communauté. L'esprit critique, le travail sur les écarts de points de vue ou encore la gestion des désaccords sont autant d'éléments moteurs de la coopération. Ils permettent de mieux comprendre l'effet de ce qu'on produit, de ce qu'on demande ou de ce qu'on pense. Certes, il n'existe pas de recette miracle pour faire coopérer. Toutefois, certaines conditions favorisent cette coopération.

Le réseau apprenant comme espace coopératif

Dans un premier temps, il importe de souligner le rôle de l'aménagement de l'espace dans la coopération. Effectivement, notre propension à coopérer est accentuée ou, au contraire, modérée en fonction de notre environnement physique. Pour le dire autrement, l'agencement spatial peut ou non être un espace coopératif. Comme le montre Françoise Bronner[1], cet espace coopératif se pense, se réfléchit et se construit en fonction du contexte, des besoins des employés, des ambitions et des moyens de l'entreprise.

Il convient également de considérer les comportements hiérarchiques et managériaux au sens large. Par exemple, lorsqu'un employé pense que son entreprise prend des décisions procédurales justes[2], il est motivé pour l'aider. Ce climat favorise la coopération[3]. De la même façon, l'organisation a tout intérêt à « célébrer » le don de ses salariés, pour reprendre les termes de Norbert Alter : plutôt que de nier la valeur du don offert lors de la coopération et de traiter cette dernière comme un problème, l'entreprise devrait la considérer comme une ressource. Le don n'est possible que s'il intervient en confiance. Cette confiance sert de base à toute coopération en « favorisant un engagement mutuel et une meilleure performance dans l'échange[4] ». Mais, pour reprendre le célèbre aphorisme de Jean Cocteau sur l'amour[5], ce sont les preuves qui comptent, *a priori* même autant que la confiance elle-même.

L'importance du rôle de la confiance est soulignée dans les recherches de Norbert Alter (2009) : c'est la sensation ou le désir de créer des liens interpersonnels qui pousse les salariés à coopérer, plutôt que l'envie d'être performants. D'où l'enjeu qui consiste

---

1. Françoise Bronner, directrice de Creatrickster, est également journaliste pour le magazine *Office et Culture* et chercheur en organisations et espaces de travail

2. Le concept de justice procédurale (Thibaut et Walker, 1975) s'applique à la perception du processus ayant abouti à la décision. Une procédure paraît juste si les personnes ont l'impression de participer et d'avoir un certain contrôle sur la décision, si elle paraît simple et pertinente. Entrent également en compte des critères d'égalité et d'équité. Il est aussi intéressant de considérer la réversibilité de la décision et la prise en compte des critères, mais aussi de donner l'opportunité, du sens et de la stimulation, ou encore de véhiculer de la positivité, l'adéquation des moyens et la mise au courant.

3. FULLER J.-B., HESTER K., "Procedural justice and the cooperative worker: An interactional model of union participation", *Journal of Labor Research*, 28, 189-202, 2007.

4. BARLATIER P.-J., « Le potentiel stratégique des réseaux d'anciens », *Revue française de gestion*, 2013/3 (N° 232), 2013.

5. « Il n'y a pas d'amour, il n'y a que des preuves d'amour. »

à réunir les conditions favorables à la création d'un « nous », avec ces caractéristiques identifiées et identifiables. Enfin, dans cette construction d'un « nous » coopératif, il est nécessaire de prendre conscience de la forte influence des motivations sociales que sont la loyauté, la réciprocité, la réputation, la honte ou encore la culpabilité sur les comportements coopératifs, en contre-pied des motivations instrumentales telles que les incitations et les sanctions[1]. « Du fait de l'internalisation des normes sociales, coopérer devient un engagement éthique personnel et ne peut être réduit à un moyen d'éviter des sanctions ou d'obtenir des récompenses matérielles.[2] » Ainsi, ce n'est pas le rationnel qui incite à coopérer, mais les motivations sociales et les émotions. La confiance et la coopération sont des processus progressifs qui se co-construisent.

Coopération et réseau apprenant

Au quotidien, dans les entreprises organisées en *business units*, dans un contexte hiérarchique et compétitif, la coopération n'est ni systématiquement sollicitée, ni évidente. En revanche, dans un réseau apprenant, la coopération devient naturelle. En effet le réseau apprenant pose les bases d'un environnement a-hiérarchique au regard d'un enjeu commun et pour une vision partagée. Le réseau apprenant facilite et met en lumière la valeur de la coopération, notamment au travers des techniques d'animation qui permettent de briser la glace et incite aux réflexions communes et à la création de liens. Cette coopération se poursuit même au-delà du réseau apprenant : l'effet de contact perdure !

Ainsi, la coopération au sein du réseau apprenant est le maître mot qui accompagne chaque acteur au quotidien. Dans un premier temps, la coopération est l'une des règles de la posture apprenante. Mais, dans un second temps, le réseau apprenant produit lui-même de la coopération : ce qui était alors une règle devient un état d'esprit permanent et spontané.

---

1. BOWLES S., GINTIS H., *A Cooperative Species: Human Reciprocity and Its Evolution*, Princeton University Press, 2011.

2. CANDAU J., LANGLOIS C., « Pourquoi coopérer », *Terrain*, (N° 58), mars 2012.

Et tout cela, pour une autre forme de responsabilisation

Au même titre que la coopération, un nombre croissant d'entreprises entend développer l'esprit de responsabilisation de leurs collaborateurs. Les Anglo-Saxons parlent d'*emporwerment* pour caractériser cette démarche.

Certaines entreprises prônent de « faire descendre le centre de gravité ». Pour y parvenir, elles doivent toutefois s'assurer qu'il ne s'agit pas d'une simple injonction. En effet, si l'intention est noble (faire prendre chaque décision au bon niveau), elle peut être perçue par les collaborateurs comme « du travail en plus », voire « un abandon du top management ». Pour que les collaborateurs acceptent plus de responsabilités, encore faut-il qu'ils en aient envie et qu'ils y trouvent un intérêt pour eux-mêmes.

En renversant la pyramide de la proposition, le collaborateur est tourné vers le haut : l'objectif prime sur les contraintes (le bas). « Rendre les collaborateurs, acteurs de leur propre changement », telle est l'ambition, l'essence même des réseaux apprenants. En apprenant ensemble dans l'action, les membres d'un réseau apprenant se placent dans une dynamique de propositions puis d'expérimentations d'idées auxquelles ils ont eux-mêmes contribué. Ce faisant, le réseau apprenant offre un environnement « capacitant », où se développent le pouvoir d'agir et l'autonomisation. Il met des ressources à disposition des individus et incite à leur utilisation – car ce n'est pas parce qu'une ressource est disponible que chacun l'utilisera au moment où il en a besoin.

L'environnement capacitant étend le pouvoir d'agir des individus et leurs dispositions à apprendre. Il leur permet de développer de nouvelles compétences et connaissances. Ce pouvoir d'agir, proche des « capabilités », se situe à l'intersection entre la capacité d'agir (potentialité, ensemble de ressources mobilisables en situation par un sujet) et les conditions d'actions propres aux situations dans lesquelles les sujets sont engagés. Elles consistent à faire quelque chose, tandis que la « capacité » relève uniquement d'un savoir-faire. Mettre en œuvre une capacité ne dépend donc pas uniquement de sa disponibilité, mais d'un ensemble de conditions organisationnelles, techniques ou encore sociales, qui lui permettent de devenir capabilités. C'est toute la question du passage des libertés formelles aux libertés réelles.

L'environnement capacitant augmente le pouvoir de faire, le degré de contrôle sur sa tâche et sur la manière dont on la réalise, permettant du même coup une réelle autonomie et un plus grand pouvoir d'agir.

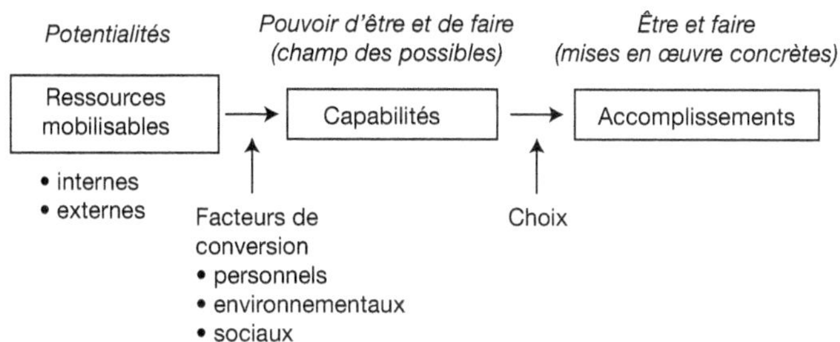

Source : Schéma d'après Solveig Oudet (in : *Apprendre au travail*, PUF, 2012)

Environnement capacitant

Si ces démarches reposent sur le volontariat, la ligne managériale n'est pas pour autant exclue. Au contraire, elle peut jouer un rôle extrêmement important en suscitant le volontariat. Pour leur part, les responsables RH peuvent trouver un levier d'évaluation (talents) dans des situations de travail qui favorisent le leadership décentralisé, le management indirect, l'envie ou encore le plaisir. Quant aux seniors, ils bénéficient dans les réseaux apprenants d'opportunités de transfert de compétences, voire de *reverse mentoring** en apprenant des plus jeunes.

Dans un réseau apprenant, à l'inverse de la manipulation, qui consiste à ne pas dévoiler l'objectif réellement visé[1], il est d'emblée proposé aux participants de se porter volontaires pour co-construire et co-expérimenter le chemin menant à une vision partagée.

---

1. BEAUVOIS J.-L., JOULE R.-V., *Petit Traité de manipulation à l'usage des honnêtes gens*, PUG, L 2002.

« L'individu apprend toujours seul, mais jamais sans les autres.[1] »
Grâce à l'inter-métiers, les membres découvrent d'autres facettes
de leur entreprise. Ils apprennent à mieux comprendre les
contraintes des autres. En outre, guidées par un enjeu commun,
les propositions sont plus riches. À titre d'exemple, suite à la
création d'un nouveau logiciel, il a été demandé à des dirigeants
de proximité de différents métiers de l'infrastructure à la SNCF
(caténaires, télécommunications, voies, etc.) si le même logiciel
aurait pu être inventé dans un autre contexte. Ils ont unanimement répondu que ce programme informatique ne serait jamais
né hors de ce réseau apprenant. En effet, si des dirigeants de
proximité d'un même métier avaient inventé seuls un tel programme avant de tenter d'entraîner leurs collègues des autres
métiers, ils se seraient entendus dire « Oui, mais nous... ce n'est
pas pareil ! ». On comprend aisément que la responsabilisation
soit devenue collective et que la fierté se soit lue sur les visages.

Et pour cause, quoi de plus responsabilisant que de réussir
ensemble et de contribuer à la mise en place d'un projet dans
lequel on a soi-même joué un rôle de concepteur ? Les obstacles inhérents à tout projet sont alors vécus comme de nouveaux
défis à relever. Ils n'apparaissent plus insurmontables. En cas de
difficultés dans la mise en œuvre d'un projet commandité, il est
souvent tentant de trouver des coupables : « les autres », « le
contexte », « la crise », etc. Mais lorsqu'il s'agit de mettre en place
un projet que l'on a soi-même co-proposé, les processus de coopération et d'influence sont alors à l'œuvre : « On se sent capable
de soulever des montagnes. »

En tout état de cause, la responsabilisation doit s'accompagner.
Comme dans le cas d'une délégation do pouvoir, où le déléga-
taire est *in fine* aussi responsable que la personne qui a reçu délégation, le dirigeant du réseau et/ou ses sponsors jouent un rôle
prépondérant.

Ainsi, alors que des collaborateurs avaient imaginé une voie origi-
nale et efficace pour lutter contre le sentiment d'insécurité dans
les RER en fin de soirée, le patron de la ligne concernée s'était
d'une part assuré que la proposition émise était réaliste et, d'autre

---

1. CARRE P., « La galaxie de l'autoformation » in *Sciences humaines* « La dynamique des savoirs », hors-série n° 24, mars/avril 1999.

part, avait mis en place un « système de protection » afin que les porteurs de l'idée ne soient pas rejetés par le système en cas d'échec. Un an plus tard, ceux qui avaient proposé et mis en place cette solution, avouaient qu'en sortant du « bureau du chef » un an plus tôt, ils s'étaient sentis pleinement responsables de leur proposition. Cet exemple illustre à quel point responsabiliser ses collaborateurs n'est pas synonyme de « laisser-faire ». Le dirigeant agit à la fois en influence et en protection. Il est ressource.

Dans nos sociétés complexes, les clés principales résident de plus en plus dans les interfaces, voire l'ubiquité. C'est ainsi que nous passons progressivement de l'e-commerce à l'u-commerce*. Dans ce contexte, la responsabilisation individu par individu fait de moins en moins sens. Il s'agit désormais de responsabiliser des collectifs. Si l'adage populaire considère que « la victoire est collective, mais la défaite est individuelle », les réseaux apprenants placent leurs participants à « égalité de dignité ». C'est cette égalité qui permet de gérer les éventuels désaccords. Bien souvent, à l'issue de séances de travail, nul ne sait plus qui a eu quelle idée en premier, car cette idée a grandi grâce au collectif. L'ensemble du groupe se sent alors responsable de sa mise en œuvre.

Néanmoins, pour que les participants se laissent responsabiliser, il est primordial qu'ils se sentent en sécurité, qu'ils n'aient pas trop de pression. Dans ces groupes, le droit à l'initiative et le droit à l'essai sont permis – et, de facto, le droit à l'erreur l'est aussi. Le réseau apprenant offre ainsi un espace test sécurisé. Chacun peut se tromper, conscient que son éventuelle erreur sera capitalisée et permettra au groupe de rebondir.

Au total, l'ère du manager qui s'approprie les réussites de ses collaborateurs pour son seul compte semble en passe d'être révolue. Une nouvelle époque s'ouvre, dans laquelle le manager se montre plutôt fier d'avoir su favoriser le développement et la prise d'initiatives de ses collaborateurs, en ayant lui-même contribué à créer un environnement favorable – tel le jardinier qui, pour faire pousser une plante, ne tire pas dessus mais l'arrose et arrache les mauvaises herbes.

TRANSFORMATION
MaîtrisePersonnelle
DoubleBoucle
ApprendreEnsemble
Responsabilisation
DonContreDon
COOPÉRATION
VisionPartagée ENVIE
IntelligenceCollective
Expérimenter
RÉSEAU
RESILIENCE
APPRENANCE
Pratiques
Co-développement
Volontariat
ACTION
PERFORMANCE
CONFIANCE
SchémasMentaux

- **A-hiérarchie**

Qualifie une relation qui n'est pas fondée sur la hiérarchie. Si, dans un groupe, les membres ont des niveaux hiérarchiques différents, les échanges ont la même égale valeur quel que soit l'interlocuteur (notion d'égalité de dignité).

- **A-normal**

Qualifie des idées, des expérimentations qui ne sont pas dans la norme habituellement admise.

- **ADC**

Agent de conduite : communément appelé conducteur de train, il assure la conduite et la manœuvre des trains de voyageurs, fret, infrastructure...

- **ASCT**

Agent du service commercial trains : communément appelé contrôleur, il contrôle les titres de transport et en vend à bord. Il assure des missions d'accueil et d'information auprès des clients. Il a par ailleurs une mission de sécurité pour les trains qu'il accompagne.

- **Branche**

Sur le plan fonctionnel, l'organisation de la SNCF repose sur un pilotage par activités regroupées en branches : SNCF Voyages, SNCF Proximités, Gares & Connexions, SNCF Geodis et SNCF Infrastructure.

- **Cair**

Comité d'animation et d'influence du réseau : regroupe les sponsors qui ont pour mission de challenger les groupes et d'être ressources. Ce comité peut revêtir différents vocables suivant les réseaux : comité d'influence, comité de sponsors...

- **Club des explorateurs**

Réseau apprenant composé des facilitateurs SNCF de réseaux apprenants, en vue de leur professionnalisation. Le Club des explorateurs est créé en 2009.

- **Codir**

Comité de direction : regroupe les plus proches collaborateurs d'un dirigeant.

- **CTT**

Cadre train traction : encadre une équipe d'ADC communément appelés conducteurs de trains.

- **CUP**

Chef d'unité de production : synonyme de DUO suivant les métiers, il encadre des dirigeants de proximité.

- **DET**

Directeur d'établissement : il dirige des établissements de 600 à 2 500 personnes. Il assure le pilotage de l'établissement, l'animation des dirigeants d'unités opérationnelles ou de production (UO/UP*), et des dirigeants de pôles d'appui (finance, RH, communication...), le management, le contrôle, la gestion sociale et administrative, ainsi que le pilotage de la production des UO/UP par la définition d'objectifs, puis le suivi et l'analyse de tableaux de bord. En fonction de la branche pour laquelle il travaille, le DET est soit rattaché au Directeur régional (DR*), soit directement à la branche. Ils sont environ 230 en 2013.

- **DPX**

Dirigeant de proximité : placé sous l'autorité directe du DUO ou du CUP, le DPX est un manager de terrain. Il assure le premier niveau d'encadrement opérationnel en encadrant les agents d'exécution.

Il est donc un relais essentiel de la politique de l'entreprise entre les dirigeants et leurs équipes. Ils sont environ 6 000 en 2013.

- DR

Directeur régional : le territoire de la SNCF comporte 22 zones géographiques appelées régions (à ne pas confondre avec les régions politiques qui correspondent au découpage territorial de la France). À la tête de chacune, le directeur régional a pour mission de gérer certaines activités de l'entreprise selon la politique décidée au plan national. En dehors de l'Île-de-France, il est le directeur d'activité TER et représente la SNCF sur son territoire pour les sujets généraux de l'entreprise.

- DUO/CUP

Dirigeant d'unité opérationnelle ou Chef d'unité de production : collaborateur direct du directeur d'établissement (DET), il a en charge l'animation des dirigeants de proximité (DPX) de secteurs placés sous son autorité. Il est responsable devant le directeur d'établissement (DET) de l'atteinte des objectifs de son UO/UP*. Ils sont environ 1 000 en 2013.

- ECT

Établissement commercial trains : la mission de ce type d'établissement est de produire le service offert aux clients voyageurs à bord des trains. Il gère les agents du service commercial trains (ASCT). Il en existe 25 en 2013.

- Entr'apprenants

Membres des groupes de travail du réseau SynergiA.

- Entrepreneurs

Animateurs des groupes du réseau SynergiA de la direction des achats.

- Épic

Établissement public à caractère industriel et commercial : la SNCF est un Épic car, tout en étant chargée d'assurer un service public, elle exerce également des activités commerciales. SNCF regroupe les activités de l'Épic et de ses filiales.

- **Facilitateur**

Maillon essentiel du réseau apprenant qui a notamment pour mission de créer un espace de parole libérée, d'animer le réseau, de superviser les animateurs et d'être le gardien de la posture apprenante.

- **Fret**

Branche de la SNCF pour le transport de marchandises.

- **Infrastructure**

Branche de la SNCF (souvent dénommée Infra). Elle assure le rôle de gestionnaire de l'infrastructure déléguée pour le compte de RFF.

- ***Reverse mentoring***

Tutorat inversé. Au sein de la paire apprenante, le mentor est alors le plus jeune des deux et est appelé à faire bénéficier son aîné de ses connaissances et savoir-faire (ex. : nouvelles technologies, réseaux sociaux, nouvelles tendances, etc.).

- **RFF**

Réseau ferré de France : créé en 1997, cet Épic* a pour objet l'aménagement, le développement, la cohérence et la mise en valeur de l'infrastructure du réseau national ferré dont il est propriétaire.

- **TP2A**

Théories et pratiques de l'animation apprenante : séminaire interne SNCF visant à développer la capacité d'influence des managers. Le TP2A a reçu le Trophée ESSEC du changement 2013.

- **Transilien**

Transilien est le réseau des lignes voyageurs SNCF en Île-de-France. 6 000 trains y circulent quotidiennement transportant trois millions de voyageurs.

- **U-commerce**

« U » pour ubiquité, unicité, universalité et unissons. Après le E-commerce pour commerce électronique, la notion de U-commerce arrive en France. L'expression *anywhere, anytime, any device*, soit « partout, en tout lieu, à tout moment », définit assez bien le U-commerce. Avec lui se crée un autre mode de transaction et de relation commerciale qui ne passe plus par l'individu, mais par les objets.

À titre d'exemple, une expérience est réalisée à Lille, inspirée du projet japonais Ubiquitous Project. Il a été mis en place un service personnalisé sur smartphone, permettant au client, entrant dans un supermarché, de recevoir des informations sur les promotions et produits.

• UO/UP

Unité opérationnelle ou unité de production : créée à partir d'une logique territoriale ou métier et placée sous l'autorité d'un directeur d'établissement (DET), elle a la responsabilité de l'organisation de ses centres de production (équipes, secteurs...) et de la qualité de production. Elle est dirigée par un DUO ou un CUP.

• World café

Processus d'animation simple et innovant basé sur des principes qui permettent d'accéder à une intelligence collective vivante. Voir theworldcafe.com

www.ingramcontent.com/pod-product-compliance
Lightning Source LLC
LaVergne TN
LVHW021606060726
842527LV00015B/3922